"내가 바라는 것은,
그리스도를 알고,
그분의 부활의 능력을 깨닫고,
그분의 고난에 동참하여,
그분의 죽으심을 본받는 것입니다."

빌립보서 3장 10절

하나님의 학교

하나님의 학교

2011년 6월 5일 초판 1쇄 발행 | 2011년 6월 8일 3쇄 발행
지은이 · 신정하

펴낸이 · 박시형
책임편집 · 최세현 | 디자인 · 이정현

경영총괄 · 이준혁
디자인 · 김애숙, 이정현, 박보희 | 출판기획 · 황지현, 김대준
편집 · 최세현, 권정희, 이선희, 김은경, 이혜진
마케팅 · 권금숙, 장건태, 김석원, 김명래
경영지원 · 김상현, 이연정, 이윤하
펴낸곳 · (주)쌤앤파커스 | 출판신고 · 2006년 9월 25일 제313-2006-000210호
주소 · 서울시 마포구 동교동 203-2 신원빌딩 2층
전화 · 02-3140-4600 | 팩스 · 02-3140-4606 | 이메일 · info@smpk.co.kr

ⓒ 신정하 (저작권자와 맺은 특약에 따라 검인을 생략합니다)
ISBN 978-89-6570-016-6(03230)

쌤앤파커스(Sam&Parkers)는 독자 여러분의 책에 관한 아이디어와 원고 투고를 설레는 마음으로 기다리
고 있습니다. 책으로 엮기를 원하는 아이디어가 있으신 분은 이메일 book@smpk.co.kr로 간단한 개요
와 취지, 연락처 등을 보내주세요. 머뭇거리지 말고 문을 두드리세요. 길이 열립니다.

하나님의 학교

· 신정하 지음 ·

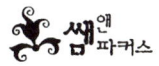
쌤앤파커스

| 일러두기 |

본문에 인용된 성경구절은 '새번역 성경'을 따랐습니다.
단, 요한복음 8장 31절과 32절은 '개역한글판 성경'을 따랐습니다.

하나님 곁으로 간
내 아들 조셉에게

하나님이 지으신 기적의 학교 이야기

이 시대에 모국어로 쓴 전도서를 권한다

조현삼, 서울광염교회(감자탕 교회) 담임 목사

프롤로그에서부터 여섯 번째 이야기까지를 한 호흡으로 읽었다. 단어 하나, 문장 하나에 생명의 기운이 느껴졌다. 생명의 근원을 만난 저자가 그 생명을 간절히 전해주고 싶어 쓴 책이기 때문에 그런 것 같다. 연필을 들어 줄을 쳐가면서 읽었다.

이 책은 솔로몬이 쓴 전도서의 신정하 버전이다. 인생에는 누구나 다 거치는 과정이 있는 것 같다. 그것을 솔로몬이 이미 한 경험과 과정으로 대신할 법도 한데, 오늘도 여전히 사람들은 직접 자신의 삶으로 그 경험과 그 과정을 거치고 있다. 솔로몬의 전도서를 권한다. 만약 이것이 어렵다면 이 시대에 모국어로 쓴 신정하 버전의 전도서를 권한다. 인생의 한 자락을 배우고 깨달을 것이다. 경험을 통해 배우기에는 너무 많은 시간과 대가를 지불해야 할 그것을, 이 책을 통해 배우고 깨달았으면 좋겠다. 만약 그렇게만 된다면 이 책은 당신에게 책값의 수백, 혹은 수천 배를 돌려줄 것이다.

하나님의 뜻대로 살아온 진정한 '사랑의 실천자'

김종량, 한양 대학교 명예총장

시간이 지나면 무너질 수 있는 지식을 가르치는 학교가 아니라, 영성과 믿음에 바탕을 둔 진정한 하나님의 지혜를 가르치는 학교, 그곳이 바로 NJUCA다. '하나님을 교장으로 모신 학교'라니, 이 얼마나 부러운 이야기인가?

NJUCA의 설립자이자 이사장인 신정하 박사의 다사다난한 인생 역정은 우리에게 많은 것을 깨닫게 해준다. 세상에서 인간에게 진정으로 필요한 것이 무엇인지, 그리고 그것을 어떻게 지켜내야 하는지를 고민하게 해준다. 단순히 자신이 걸어온 길을 이야기하는 것이 아니라, 하나님의 뜻대로 살아온 간증의 스토리이기에 더욱 의미 있고 가치 있다고 생각한다.

　NJUCA는 하나님의 말씀을 통해 인류와 조국에 봉사하는 위대한 '사랑의 실천자'들을 길러내고 있다. 그리고 하나님을 모시고 이 역사에 동참하는 신정하 이사장이야말로 진정한 사랑의 실천자라고 생각한다. 그를 변화시켰던 한 줄의 성경말씀처럼, 이 책이 많은 사람들에게 새로운 변화를 일으키는 계기가 되기를 간절히 기원해본다.

아이를 키우는 부모라면
꼭 한 번 읽어보시길

문애란, 웰콤퍼블리시스 고문

　하나님께서는 우리 한 사람 한 사람을 주인공으로 하여 스토리를 쓰고 계신다. 성경에 나오는 모세, 다윗, 아브라함, 예수님, 마태, 마가…. 그들처럼 신정하 박사의 삶도 주님이 쓰셨다. 근데 이 이야기는 다른 주인공들의 이야기보다 더욱더 극적이어서 눈물과 감동 속에 자석처럼 눈을 떼지 못하게 만든다. 살아계신 주님이 얼마나 드라마틱하게 그의 삶을 변화시켰는가를 보면서, 나 자신의 삶도 이렇게 쓰임 받고 싶다는 강한 도전을 받았다.

또한 아이를 키우는 부모에게 이 책을 꼭 한번 읽도록 권하고 싶다. 세상적인 교육 방법으로는 결코 하나님께서 원하시는 아이를 키울 수 없다. 그 고민에 대한 해답을 뉴저지에 있는 이 크리스천 아카데미에서 찾을 수 있기 때문이다.

고통과 시련을 딛고, 다음 세대를 위한 영광의 길을 예비하고 있는 이 멋진 여정에 우리 모두 함께한다면 삶에 엄청난 변화를 받을 것으로 믿는다.

영원한 승리자가 될 수 있는 리더의 길

강준민, LA 새생명비전교회 담임 목사, 《뿌리 깊은 영성》의 저자

《하나님의 학교》는 인격과 실력을 겸비한 글로벌 인재를 키우는 학교 이야기다. 올바른 가치관을 가지고, 인생에서 진정한 승리자가 되도록 도와주는 학교 이야기다. 이 책은 지성, 감성, 그리고 영성과 함께 거룩에 초점을 둔 교육이 어떻게 아름다운 열매를 맺을 수 있는지를 보여준다. 세상에서 성공하고 인생에서 실패하는 사람이 아니라 영원한 승리자가 될 수 있는 리더의 길을 보여준다.

글로벌 시대에 세계를 가슴에 품은 리더를 키우는 저자의 가슴에는, 학생들을 향한 사랑이 흐르고, 그들을 천국 인재로 세우려는 열정이 불타오른다. 하나님의 학교는 고난 속에 핀 꽃이다. 이 책 속에 저자의 눈물과 땀과 피가 묻어 있다. 아들을 잃은 아픈 상처를 진주로 만든 따뜻한 카리스마가 감동을 준다. 자녀를 키우는 부모님들과 훌륭한 인재를 양성하고 싶어 하는 교육전문가들에게 추천하고 싶다.

진정으로 행복한 인생을 위한 나침반

양병무, 재능교육 대표이사

이 책을 읽으며 멈출 수가 없었다. 진리를 찾아 떠난 여정이 너무나 감동적으로 다가왔기 때문이다. 참된 길은 무엇인가? 진리는 무엇인가? 많은 사람들이 그 해답을 찾고 있다. 참된 길과 진리를 찾기까지 수많은 시행착오를 겪는 것이 인생임을 깨닫게 된다.

교육만이 그 길을 찾는 방법이다. 학생들에게 정말 필요한 것이 지성과 감성을 넘어 영성임을 알게 되었다. 영성지수가 높으면 지성과 감성지수는 자연스럽게 높아질 수 있다는 말씀에 공감한다.

이 책이 진리를 좇는 사람과 자녀를 둔 부모님들에게 좋은 안내서가 되리라 믿는다. 또한 젊은 사람들에게는 행복한 인생을 사는 지름길을 가르쳐줄 것이다. 나이 든 사람들에게는 진리가 무엇인지, 인생 후반을 살아가는 나침반이 될 것이다. 기독교인에게는 하나님의 사랑과 계획을 체험하는 신앙지침서가 될 것이다. 비기독교인에게는 기독교에 대한 이해를 높이는 좋은 안내자가 될 것이다.

재미와 긴박감이 있어서 드라마를 보듯이 읽을 수 있어서 더욱 좋았다. 이 책을 통해 감사와 은혜가 넘쳐나기를 소망한다.

그리스도의 인격을 훈련하고 형성하는 귀한 학교 이야기

김춘근, 북미주 세계열방 예수대각성운동(JAMA) 대표, 세계지도자계발학교(GLDI) 대표

차세대 예수 그리스도의 대사들(지도자들)을 교육하고 훈련하는 NJUCA는 미국에서 이미 명문 사립학교로 인정받고 있다. 심장에 안고 배워야 할 지식을 최선, 최고의 방법으로 가르칠 뿐만 아니라 그리스도의 인격을 훈련하고 형성하는 귀한 학교이기 때문이다. 신

정하 이사장은 귀한 사명을 위해서, 그리스도의 심장으로 모든 마음과 뜻과 정성을 다하여 열정으로 헌신해왔다.

　나는 NJUCA를 직접 방문해서 그 생생한 배움의 열기를 목격하고 감명받았는데, 이번에는 책을 통해 더 많은 감동과 도전을 받았다. 부모와 자녀들이 꼭 읽어야 할 책이다. 이 학교를 통하여 훈련받은 인재들이 그리스도의 이름으로 한국과 미국 등 모든 열방나라를 변화시키는 위대한 그리스도의 대사들이 될 수 있기를 기도한다.

믿음의 도전, 사명을 향한 격려

김영길, **한동 대학교 총장**

　신정하 박사는 지성, 감성, 영성의 차원에서 전인격적인 하나님의 인재를 양육하는 믿음의 선진이요, 믿음의 교육자다. 오랜 고난과 훈련의 시간을 거쳐 하나님께서 예비하신 섭리적 사명을 발견하고, 이제 보이지 않는 것을 바라보는 믿음으로 사명에 사로잡혀 전진하고 있다. 죽음과 흑암의 터널 속에서도 감사 가득한 사명으로 이를 역전시키고, 오히려 예수님만을 즐거워하고 섬기는 그의 믿음의 여정과 모험은 나에게도 큰 도전이 되었다. 이 책이 많은 사람들에게 믿음의 도전과 사명을 향한 격려가 되리라 믿는다.

이 시대 페스탈로치가 전하는 행복지침서

유화웅, 예일 여자 고등학교 교장, 안산 동산 고등학교 명예교장

수년 전 NJUCA를 방문한 적이 있었다. 거기서 만난 신정하 박사는 예수님을 가슴에 품고 세계 비전을 눈에 담은 진정한 교육자요, 크리스천 리더였다. 속이 환히 들여다보일 듯한 순수함과 순교의 각오로 전도와 교육의 사명을 다하는 신념, 그러면서도 누구에게나 고개를 숙이는 신 박사의 겸손한 모습은 만나는 사람들마다 그를 존경하지 않을 수 없게 만든다. 아들을 잃은 고통을 승화시켜 NJUCA 학생들을 믿음과 비전의 아들딸로 양육하는 그 모습이야말로 이 시대의 페스탈로치를 보는 듯했다.

이제 그의 인생의 전부라고 할 수 있는 NJUCA는 하나님의 나라 일꾼을 양성하는 사관학교가 되었다. 이 책은 하나님의 뜻을 이루려는 집념과 사람을 사랑하는 지고至高의 열정을 보여주는, '행복을 찾는 지침서'다.

contents

아버지를
찾아가는 길

이런 생생한 실화實話의 삶을 산 끝에 나는 지금 고백할 수 있다.
NJUCA는 하나님이 친히 계획하시고 하나님이 함께하시는 학교라고.
그래서 NJUCA는 '하나님의 학교'라고.
하나님의 학교에서 우리는 무엇을 가르치는가. 다르게 사는 방법을
가르친다. 길을 찾도록 도와준다. 아이들이 평생에 걸쳐
하늘 아버지 집을 잘 찾아가도록 기도하면서 가르친다.

우리는 모두 길 찾는 사람들이다. 인생사, 길을 잘 찾으면 된다. 암흑 같은 절망 가운데서도 살 길은 있다. 그 길만 찾으면 살 수 있다. 교육자로서 생각해본다. 공부를 왜 하는가. 길을 발견하기 위해서다. 남보다 탁월하게 길을 찾기 위해서다.

수많은 사람들이 성공의 길을 찾고, 그 길로 가기 위해서 노력한다. 그 성공의 길을 제대로 찾은 사람도 있고, 평생 헤매기만 하다 인생을 끝낸 사람들도 있다. 곁길로 빠져 영영 돌아오지 못하는 경우도 많다.

나 역시 성공의 길을 찾기 위해서 무던히도 애썼다. 그 길을 찾았다고 환호한 적도 있었다. 그러나 아니었다. 내가 찾아낸 길은 정말 인생을 걸고 가야 할 '그 길(The Way)'이 아니었다. 질풍노도로 내달리던 시절, 날카롭게 경험한 사실이 있다.

포장도로는 끝이 난다!

인생이 영원히 포장도로를 질주하는 것인 줄만 알았다. 하지만 아니었다. 폼 나게 포장도로를 달리고 싶어 노력해도 그 도로를 영원히 달리는 사람은 만나보지 못했다. 길 위에서 넘어지는 사람들을 수없이 보았다. 고장 난 차량들이 부지기수였다. 지성과 감성이라는 특수 엔진을 장착한 차량들도 예기치 않은 사고로 멈춰버리는 경우를 수없이 보았다. 간신히 성공의 길에 들어섰으나 식물인간이 된 사람들도 보았다.

그럼 무엇인가. 결국 포장도로가 끝난다면, 우리가 찾을 수 있는 안전한 길이란 없단 말인가. 아니다. 길은 있다. 그 길은 새로운 길이다. 새로운 살 길이다. 적어도 나에게는 새로운 살 길이 필요했다. 나뿐만이 아니었다. 수많은 사람들에게 새로운 살 길이 필요했다. 아이들에게도, 어른들에게도, 실패자에게도, 성공자에게도…, 어김없이 새로운 살 길은 절실했다.

돌이켜보니 내 삶은 배움의 과정이었다. 긴 세월을 통해서 내가 누구인지, 하나님은 누구신지를 배웠다. 하나님의 은혜에 어떻게 반응해야 하는지도 배웠다. 인생은 그 은혜를 어떻게 갚아야 하는지에 대한 끊임없는 배움의 과정이었다.

지난 시절, 내가 한 일은 아무것도 없었다. 이제 머지않아 내가 온 바로 그곳으로 돌아갈 것을 생각하니 그 사실이 더욱 명확해졌다. 이 땅에서 거저 받지 않은 것은 하나도 없었다. 거저 받았기에 거저 주는 것, 그래서 '주는 자가 더욱 복되도다'라는 성경말씀을 이루는 것이 인생이었다. 내 인생의 후반전, 언제 타임아웃 휘슬이 울릴지 모르는 지금 이 순간, 내가 간절히 배우고 싶은 것, 알고 싶은 것이 있다.

아버지께로 가는 길이다.

이 세상 모든 길을 잃어버려도 하늘 아버지께로 가는 그 길만 잘 찾으면 된다. 내가 인생을 걸고 배운 것이 바로 그 사실이다. 그 길만 찾으면 살 수 있다는 사실을 배웠다. 지금도 배우고 있으며, 앞으로도 배우고 싶다.

그렇게 생각해보면 인생은 아들이 아버지를 찾아나서는 여정이다. '신앙'이란 단어를 쓰지 않으면 모를까, 모름지기 신앙인에게는 그 믿음의 대상이 있다. 신앙은 자기보다 엄청난 위격位格을 지닌 분을 믿는 것이다. 그분이 바로 하늘 아버지다. 그 아버지는 나의 조건과 태도, 심지어는 헌신에도 관심이 없었다.

그분의 관심은 오직 하나뿐. 바로 나, 오직 나 하나뿐이었다. 그분의 눈은 한시도 쉬지 않고 나를 주시하고 계셨다. 그분만 의지하면 되었다. 하늘 아버지를 알고, 그분을 사랑하는 것만이 나의 일이요, 소명임을 알게 됐다. 아버지께 가는 길이 바로 살 길이라는 사실을 가슴으로 받아들인 그 순간, 나는 사도 바울과 같은 고백을 하지 않을 수 없었다.

내가 바라는 것은,
그리스도를 알고,
그분의 부활의 능력을 깨닫고,

그분의 고난에 동참하여,
그분의 죽으심을 본받는 것입니다.

– 빌립보서 3장 10절

긴 세월에 걸쳐 미국 동부 뉴저지 외곽 프린스턴 근처에 학교를 일궜다. 뉴저지 유나이티드 크리스천아카데미(New Jersey United Christian Academy, NJUCA). 내 인생의 피와 땀과 눈물이 들어간 곳이었다. 나뿐 아니라 아내를 비롯해 수많은 사람들의 추억이 어린 곳이다. 이 땅을 떠난 내 큰아들의 흔적이 남아 있는 곳이다. 수십 년에 걸친 그 작업은 힘들기도 하고 쓰라리기도 했지만, 지금 생각해보니 모두 다 아름다웠던 순간들이었다. 우리의 로망이었다.

나는 왜 그렇게도 학교를 열기 위해 애썼는가.

처음에는 인간적인 동기로 시작했다. 연세대학교를 졸업하고 한양대 법대에서 학생들을 가르치면서, 나에게는 '언젠가 내 손으로 직접 학교를 세우리라'는 소망이 생겼던 것 같다. 그 사이에 내 인생에는 많은 일들이 일어났다. 환희에 겨운 순간, 절망의 나락에서 꺼이꺼이 운 순간들이 있었다. 개인사뿐만 아니라 한국과 미국, 전 세계적으로도 수많은 일들이 있었다. 한 해를 마감할 때마다 언제나 다사다난했다.

그러나 변치 않은 사실들이 있었다. 그 복잡다단한 인생사 가운데서도 하늘 아버지는 변함없이 나를 주시하고 계셨다는 사실이다. 나는 늘 환경에 민감하게 반응했지만, 하늘 아버지의 관심사는 언제나 동일했다. 내 주위에서 일어난 수많은 사건들과 상관없이 그분의 눈길은 항상 나에게 집중되었다.

세월이 지나면서, 인생의 종착역이 다가오면서 뚜렷하게 보이는 것들이 있다. 인생에는 우리를 주시하는 분이 계시다는 사실이다. 오실 분이 있다는 것이다. 그 오실 분을 만나야 한다!

그런 걸 모를 때는, 내가 끙끙거리며 이룬 모든 것이 당연히 '내가 해낸 것'인 줄만 알았다. 하지만 아니었다. 사실은 그 모든 것이 나를 도구 삼아, 혹은 통로 삼아 오실 그분, 만나야 할 그분이 이루신 일이었다. 그것이야말로 인생이 내게 가져다준 큰 깨달음이었다.

나의 인간적인 동기와 의지로 시작되었다고 생각했던 그 일들이, 사실은 하나님의 계획 아래에서 빈틈없이 진행됐다는 사실을 알았을 때, 나는 비로소 자유로워졌다. 고난이 아니라 행복을 말할 수 있게 됐다. "주여, 왜?"라고 단말마처럼 내뱉었던 수없는 나의 외침들이, 이제는 "아, 그렇군요. 그래서 그리 하셨던 거군요!"라고 바뀌게 됐다. NJUCA와 함께 나는 행복한 늙은이가 되어가고 있었다.

이런 생생한 실화實話의 삶을 산 끝에 나는 지금 고백할 수 있다. NJUCA는 하나님이 친히 계획하시고 하나님이 함께하시는 학교라고.

그래서 NJUCA는 '하나님의 학교'라고.

하나님의 학교에서 우리는 무엇을 가르치는가.

다르게 사는 방법을 가르친다. 길을 찾도록 도와준다. 아이들이 평생에 걸쳐 하늘 아버지 집을 잘 찾아가도록 기도하면서 가르친다.

하늘 아버지 집을 제대로 찾는 것이야말로 성공이라고 믿는 학생들은 다르게 살지 않을 수 없다. 그들은 안전지대에 머무르지 않고 당당히 걸어 나온다. 삶을 허비하지 않는다. 흔적을 남긴다. 꿈을 꾸며 희망을 말한다. 때를 읽으며, 섬기고 희생한다. 결코 실패에 함몰되지 않고 오히려 실패에 너그럽다. 사실보다 태도가 더 중요하다는 것을 체험한다. 자연과 친하게 지내면서 감사를 창조한다. 결코, 결코 '성공의 희생자'가 되지 않는다. 정확한 때와 바른 장소에서 적합한 일을 하는 것이야말로 성공임을 안다. '거룩'이 진정한 성공자의 표식이라는 것을 인식한다. 그들은 먼저 하나님의 나라와 의를 구한다. 그들의 가슴속에는 세계가 담겨 있다. 무엇보다 그들은 사랑의 사람이다. 그리스도가 사람들을 끝까지 사랑한 것처럼 인내하며 자신들에게 맡겨진 타자他者를 '끝까지' 사랑한다. 이들 모두 하늘의 성공을 추구한다.

NJUCA는 신앙의, 신학의, 삶의 실험장이다. 사람들이 이렇게 물어볼지 모르겠다.

"그럼, NJUCA 졸업생들은 어느 대학교에 들어갔어요? 명문 대학에 많이 들어갔나요?"

대답할 자료들은 충분하다. 뉴욕대, 보스턴대, 텍사스대, 버지니아대, 서강대, 한동대 등에 들어갔고, 조만간 하버드대와 예일대에 들어갈 아이들도 나올 것이다.

그러나 우리가 추구하는 가치는 단순히 명문 대학에 들어가는 것만이 아니다. 대학 입학은 하나의 과정이지 성공의 종착지가 아니다. 물론 그 과정에 대해서도 소홀하지는 않았다. 하나님의 자녀들에게 탁월성은 필수항목이다. 하지만 세상이 인정하는 탁월함만을 추구하는 다른 학교들과는 차이가 있다. 우리가 꿈꾸는 교육은 지성과 감성, 영성이 수레바퀴처럼 조화롭게 어우러진 교육이다. 지성지수(IQ, Intelligence Quotient)와 감성지수(EQ, Emotional Quotient), 영성지수(SQ, Spiritual Quotient)가 골고루 발달한 존재로서, 한 인간을 바로 서게 하는 것이 우리의 목표다.

실험은 성공적이었다. 3년간의 NJUCA 생활을 통해서 변화를 경험한 아이들이 나오기 시작했다. 평생 하늘 아버지의 집을 찾아 나서겠다고, 그 아버지의 시선이 머무르는 곳으로 달려가 희생과 섬김의 삶을 살겠다고 고백하는 학생들이 늘어났다. 매일 아침 묵상시간마다 '한 순간도 삶을 허비하지 않겠다'는 다짐이 똑똑히 들린다.

길을 찾아 나서는 데 완성은 없다. 우리는 영원히 길을 찾는 사람들이다. 일흔이 넘은 나도 이 나이까지 끊임없이 배우고 있다. 우리는 평생 배우는 사람들이다.

NJUCA가 유토피아 같은 이상적인 학교는 아니다. 그 안에서도 인생의 희로애락은 어김없이 펼쳐진다. 우리 역시 본질적으로 죄인의 공동체다.

　그럼에도 우리는 앞길을 낙관한다. 그것은 막연한 낙관주의가 아니다. 경험에 의한, 과학적인 낙관이다. 우리가 가진 낙관주의의 근거는 명백하다. 아버지, 하늘 아버지가 계시기 때문이다. 자식에게 좋은 것을 주기 위해서 늘 애쓰시는 하늘 아버지를 향한 믿음이야말로 우리가 낙관하는 근거다. 결코 막연하지 않다. 지금 뉴저지 시골에 세워진 NJUCA가 증거다. 이곳에서 배출된 학생들과, 값없이 존귀한 하나님의 사랑에 겨워 이들을 위해서 헌신하는 교사와 후원자들이 증인들이다.

　우리는 믿는다. 믿음은 바라는 것들의 실상實像이라는 사실을 말이다. 현재 부족한 것, 아쉬운 것들과 바라는 것들이 실제 지금 우리에게 있는 것처럼 믿고 자족한다. 하나님이 가장 적절한 때에, 그분의 방법대로 채워주실 테니…. 그리고 보면 인생에서 부족한 것도, 거칠 것도 없다. 새삼 '은혜 위에 은혜'라는 말이 실감된다.

　아버지를 찾는 여정을 떠나는 사람들에게 이 책을 바친다. 단지 내 이야기뿐이라면 결코 세상에 나올 수 없었을 것이다. 또한 이것은 학교 이야기만도 아니다. 오직 마른 막대기 같은 나와 돕는 자들을 도구 삼아, NJUCA를 수로水路 삼아, 세상을 향한 자신의 사랑을 보여주시는 아버지의 이야기이기에 감히 선보인다.

부디 아버지의 마음을 느끼시기 바란다. 그리고 그 아버지를 찾아 나서기를 소망한다. 믿음이 이상이 되고, 소망이 소유가 되어버린 이 각박한 세대에 아버지와 어머니, 자녀들이 함께 하늘 아버지의 집을 찾아 떠나는 것이야말로 내가 간절히 보고 싶은 가슴 벅찬 장면이다.

이 책을 통해서 한 명이라도 하늘 아버지 집을 찾아 나설 결심을 한다면 내 인생은 허비된 것이 아니리라.

"네 무덤을
원한다."

바로 그때, 급하고 강한 바람처럼

하나님께서 내 인생에 개입하셨다.

인생이 소용돌이쳤다. 당황했고, 이내 좌절했다.

그러나 돌이켜보니 그것은

내 인생 최고 행운의 순간이었다.

첫 번째 이야기

　　　　内 생애 전반은 명사로서의 삶이었다. 의미보다는 성공을 추구했다. 어린 시절부터 누가 봐도 순탄한 인생을 살았다. 부모님의 눈에 대견한 아들이었다는 것은 가족들도 기억하는 명확한 사실이다. 순종적이었던 나는 부모님과 어른들의 의견을 경청했다. 나를 대견해하는 그들의 눈빛에 따라 삶의 태도를 굳혔다.

　어쩌면 이 세상을 살아가는 상당수의 모범생은 나와 같은 선택을 해왔을 수도 있다. 자기 자신의 욕구나 소망보다는 부모님의 기대를 위해 살아가는 실수를 범하면서, 의사표현을 하지 않는 것을 미덕으로 여길지도 모르겠다. 나 역시 그 틀을 쉽게 깰 수 없다는 것을 경험하면서 성장해왔다. 그 시절 나는 부모님의 뜻에 따라 사는 것으로 평안을 찾았다. 어쩌면 지금의 나는 어린 시절에 완성된 나이고, 또 인격일 수도 있겠다.

'모범생'의 삶은 예견했던 대로 나에게 좋은 대학, 안정된 직장을 선물했다. 사회적으로 타인의 존경을 받을 수 있는 위치로 나를 견인해갔다. 나는 그런 삶이 그 누군가의 도움도 없이 혼자 이뤄낸, '내 선택과 노력, 그리고 최선을 다했던 성실한 날들이 가져다준 열매'라고 굳게 믿었다. 모든 만족과 즐거운 것들이 다름 아닌 내게서 비롯되었다는 단순한 생각은 나를 오만한 어른으로 만들어가고 있었다.

정말로 오랜 세월 동안 나는 착각 안에서 자만했다. 내가 좀 멋있어 보일 때면, 나의 노력을 스스로 칭찬했다. 예상치 못한 좋은 일이라도 생길 때면, 성숙하고 지혜로운 나의 판단을 자랑했다. 나는 내가 그렇게 능력 있는 사람인 줄 알았다. 남들보다 미래를 더 잘 내다보는 통찰력을 가진 사람이라고, 나는 뭐든지 할 수 있다고 늘 되새겼다.

생각해보면 이것은 나만이 범한 오류는 아닐 것이다. '안되면 조상 탓, 잘되면 제 탓'이라는 속담도 있지 않은가. 스스로를 자랑하고 칭찬하는 것에 익숙해지면 타인에게 받았던 도움이나 은혜는 기억 못한다. 돌아보면 모두 자신이 잘나서 이룬 것 같은 착각에 빠지는 것이다. 이것이 인간의 이기적인 모습, 자기만 아는 본성임을 부인할 수 없다. '자기중심'이라는 말은 정말 이렇게도 많이, 생의 도처에 깔려 있었다.

대학을 졸업하고, 결혼을 하고, 대학교수가 될 때까지도 모든 것은 순풍이었다. 노력의 대가는 고스란히 나의 것이었고, 바라는 것은 무엇이든 순조롭게 풀려나갔다.

그러던 어느 날, 내가 교수로 재직했던 한양대학교 총장님의 도움으로 대한해운공사 도쿄 지사장이 되었다. 그것이 1970년의 일이다. 특별한 명분이 없다면 해외로 나가지 못했던 시절에 도쿄 지사장이 되었다는 것은 내 인생의 대변혁이었다.

하지만 욕심은 거기서 멈추지 않았다. 나는 조금 더 큰 세상으로 나가고 싶었다. 결국 미국으로 건너가 아메리칸드림을 실현할 수 있는 기회를 얻었다. 도쿄에서 1년 반 정도 일한 후 미국으로 떠나게 되었다.

대한해운공사 뉴욕 지사장!

뉴욕에서 공부도 더 하고, 발전적인 미래를 그릴 수도 있을 것 같았다. 어쩌면 돈과 명예도 움켜쥘 수 있으리라.

가난한 조국을 뒤로 하고 미국행 비행기에 오르는 나에게 빛나는 제2의 인생이 시작된 것 같았다. 트랩을 오르면서 나는 한껏 들떠 있었다.

1971년 9월 17일, 뉴욕 공항에 도착하니 직원들이 승용차와 아파트를 준비했다며 안내했다. 당시 내 아파트는 뉴욕에서도 고급 주택가인 스테이튼 아일랜드에 있었다. 전망이 아주 좋았다. 바로 앞에는 허드슨 강이 펼쳐져 있었고, 맨해튼이 한눈에 내려다보였다. 한국과는 전혀 다른 아름다운 국제도시에서 그렇게 새로운 인생을 시작하게 됐다.

한국에서 소아과 의사였던 아내는 미국 병원에서 다시 인턴과 레지던트 훈련을 받아야 했다. 아이들도 미국 사회에 잘 적응하며 자라갔다. 일은 물론 힘들었고 미국 사회에 빨리 적응하고 싶어 마음이 바빴지만, 발전한 선진문화 안에서 살아갈 수 있다는 감격에 조금도 지치지 않았다. 세상의 관점에서 그 시기는 내 인생의 절정기였다. 그 절정의 순간이 영원히 지속

될 줄 알았다. 아니, 더 짜릿한 극치의 순간이 기다리고 있으리라 확신했다.

하지만 그것은 엄청난 오해였다. 영원할 것처럼 보였던 행복은 바람처럼, 연기처럼, 믿기지 않을 만큼 빠르게, 내 손가락 사이로 빠져나갔다.

가끔 하나님이 자신의 존재를 알려 오실 때, 왜 사람마다 다른 방법을 사용하실까 궁금했다. 평화로운 분위기에서 자연스레 영적 인도를 받은 사람들의 간증을 들을 때면 부러운 마음도 든다. 왜냐하면 하나님께서 나를 부르실 때는 고통과 환란이라는 방법을 사용하셨기 때문이다. 그분은 나에게 무언가를 원하셨다. 믿음을 본질로 삼지 않은 삶에서 본질로 삼은 삶으로 나를 돌아서게 만들기 위해 나를 압박하셨다.

하나님이 원하신 것은 '나의 무덤'이었다.

급하고 강한 바람처럼, 하나님은 나의 삶에 간섭하셨다. 그 첫 번째는 회사를 송두리째 흔드는 것이었다. 정말 어느 날 갑자기 날벼락에 맞은 듯, 내가 속한 회사는 다른 사람의 손으로 넘어갔다. 그리고 나는 직장을 떠나야 했다. 직장을 따라 지구 반대편 뉴욕까지 날아와 새로운 삶에 적응했던 나에게 일자리를 잃어버린다는 것은 사지를 절단당하는 것과 같았다.

미주 지역의 최고책임자로 지내온 모든 시간, 그 화려한 지사장의 삶이 일순간에 무너져버렸다. 아무도 내일을 약속해줄 수 없었다. 무엇을 해야 할지 아무 생각도 떠오르지 않았다. 내가 할 수 있는 일은 한국으로 돌아가 다시 교수가 되거나 미국에 남아 생존을 위해 또 다른 직업을 얻는 것뿐이었다.

하지만 선택은 뻔했다. 이미 아이들은 미국 생활에 잘 적응해 성실하게 성장하고 있었고, 아내 역시 미국 병원에서 고된 연수를 무사히 마치고 다시 소아과 병원을 차리기 위해 장소를 물색하던 중이었다. 이 모든 것을 포기하고 한국으로 돌아갈 수는 없었다.

한국으로 돌아가거나 미국에 남거나, 이 두 가지의 절대적인 선택을 놓고 나는 무릎 꿇지 않았다. 전능자의 그늘에 거하는 대신, 알량한 내 지혜와 경험에 의지했다. 사람은 누구나 한 가지 선택으로 마음이 기울면, 그에 맞는 타당한 이유를 필사적으로 찾게 마련이다. 당시의 상황에서는 개인적인 이유보다 국력의 차이가 더 크게 다가왔다. 1970년대의 미국과 한국은 비교도 안될 만큼 생활수준이 차이 났고 문화적 격차도 컸다. 좀 더 좋은 환경에서 아이들을 키우고 싶다는 인간적인 욕심을 포기하기 어려웠다.

그래서 처음 미국에 도착했을 때의 마음으로 되돌아가 다시 한 번 다짐했다.

'여기서 포기할 수는 없다! 힘내자!'

아내와 아이들처럼 나 역시 공부를 더 해서 새로운 삶에 도전하겠다고 결심했다. 세계 최고의 국가가 제공하는 최고의 환경에서 최선을 다해 공부한다면, 또 다른 가능성이 열릴 것이라고 막연히 기대했다. 가슴에 품은 아메리칸드림에 다시 한 번 불을 지폈다.

일단 마음을 정하고 나니 새 환경에 쉽게 적응할 수 있었다. 요령도 생겨 학교를 알아보면서 알음알음 사람들의 도움으로 작은 사업체도 꾸리게 되었다. 남자에게 밥벌이는 신성한 것이다. 가족을 먹여 살릴 밥벌이를 위해서라면 생의 비루함도 견뎌야 한다. 가장으로 돈벌이를 해야 했기 때문에 마냥 손을 놓고 있을 수는 없었다.

그래서 이전에 해왔던 경험을 바탕으로 '유니포트Uniport'라는 이름의 운송주선업(Freight Forwarding Business) 회사를 시작했다. 비록 보잘것없었지만 한 회사의 오너가 되었다. 당시 중동지역을 향한 건축자재 운송업은 최고의 부흥기를 맞이하고 있었고, 이전에 해왔던 일과 비슷해서 쉽게 사업을 불려나갔다.

사업은 순풍에 돛을 단 듯 흘러갔다. 잠시 내려놓았던 '성공'이라는 단어가 다시 나에게 찾아온 것 같았다. 조직원으로서의 성공과 사장으로서의 성공은 단위가 다르다. 바빠졌다. 공부를 다시 시작하겠다는 처음의 마음은 멀찌감치 미뤄두고 이리저리 바쁘게 뛰어다녔다. 세계 곳곳에서 이어지는 건설 사업에 참여하기 위해 로비도 했다. 급하다고 아우성치는 거래처를 위해 항공편까지 띄워 자재를 배달했다. 나 스스로가 만족스러웠다. 그때, 나는 내가 참 좋았다.

그런 과정에서 나의 내면에는 교만이 자라났다. 교만은 성공의 그릇된 사은품이다. 교만은 나로 하여금 자족한 삶을 살지 못하게 했다. 모든 것이 내 능력과 열정으로 이뤄낸 것이라고 착각하게 만들었다. 교만은 내 안의 잘못과 허점조차 부끄럽게 생각하지 않도록 나를 바꿔버렸다. 양심도 무뎌져갔다. 그때를 생각하면 지금도 몸서리쳐진다.

지금의 나는 그 당시, 인생의 절정기라고 생각했던 그 시기의 나를 후회하고 있다. 만약 그때의 내가 누군가와의 약속을 우습게 여겼었다면, 혹은 타인의 입장을 고려하지 않고 경솔한 결정을 내렸더라면 이제라도 고개 숙여 사과하고 싶다.

교만한 사람은 도저히 성숙해질 수 없다. 스스로 성숙해질 필요를 느끼지 못하기 때문이다. 자신을 돌아볼 이유도 깨닫지 못한다. 그저 윤택해진 삶에 취해, 전폭적으로 자신의 능력에 의지하며 살아간다. 그렇게 교만은 나의 마음을 파고들어 이전의 나보다 더욱 당당한 나로 만들어갔다. 나는 착각에 사로잡혀 인생의 행복이 무엇인지도 따져보지 못하게 됐다. 알량한 성공에 도취되어 궁극적인 것이 무엇인지에 대해서는 생각조차 하지 않았다.

누군가가 말했다. 가장 위험한 것은 궁극적인 것과 궁극 이전의 것을 혼동하는 것이라고. 내가 그랬다. 궁극 이전의 것임이 분명한 작은 성공에 도취되어 궁극적인 것을 추구하지 않았다. 만약 그 시간이 조금 더 계속됐다면, 나는 어떤 사람이 되었을까?

바로 그때, 하나님께서 또다시 내 인생에 개입하셨다. 인생이 소용돌이쳤다. 당황했고, 이내 좌절했다. 그러나 돌이켜보니 그것은 내 인생 최고 행운의 순간이었다.

　시대적인 위기가 찾아왔다. 오일쇼크, 즉 석유파동이었다. 1970년대에 전 세계적으로 두 차례의 오일쇼크가 발생했다. 첫 번째는 1973년 10월 6일 시작된 아랍, 이스라엘 간의 4차 중동전쟁을 계기로 시작됐다. 아랍석유수출기구(OPEC) 6개국은 이스라엘에 동조하는 미국과 서방세계를 상대로 대대적인 원유가격 인상과 감산을 단행했다. 그들은 원유 고시가격을 단번에 17% 넘게 올렸다. 원유생산을 매월 5%씩 줄이기로 했다. 석유를 무기로 한 오일전쟁이 시작된 것이다. 그 결과 전 세계적으로 하루 평균 430만 배럴의 원유공급이 중단됐다. 석유 값은 2개월 만에 4배 이상 뛰어올랐다. 이런 일이 1980년대 초에 다시 일어난 것이다.

　이것은 곧 세계 경제의 마비를 의미했다. 불황은 바닥을 모를 정도로 깊어졌고 물가는 걷잡을 수 없이 뛰어올랐다. 한 인간의 노력과 의지로는 아무것도 바꿀 수 없는 거대한 변화 속에서, 나는 그전에는 경험하지 못했던 좌절의 늪으로 빠져들었다. 건설회사들이 줄줄이 망하고 있었다. 그들과 함께 일하던 나 역시 밀린 운송비용을 모두 날려버리며 주저앉고 말았다. 나중에 받기로 했던 잔금을 하나도 받을 수 없었기 때문이다.

그야말로 멀쩡히 눈 뜨고 돈을 떼이는 상황이었다.

　나에게만 찾아온 힘든 시절이 아니었기 때문에 다른 이를 원망할 수도 없었다. 모든 사람들이 함께 겪어야 하는 시대적인 고통 앞에서 나는 도망칠 수도, 피해갈 수도 없었다. 직업을 잃었을 때는 그래도 남은 것이 있었지만 사업이 망하자 완전히 달랐다. 말 그대로 모든 것이 사라졌고, 느닷없는 고통이 나를 에워쌌다. 하루아침에 모든 것을 잃고 빚더미에 앉게 됐다. 졸지에 성경 속 욥과 같은 신세가 되었다.

　그때 나는 날카롭게 외치지 않을 수 없었다.
　"주여, 왜!"

항복선언,
나의 백색 장례식

하나님이 원하신 것은 '나의 무덤'이었다.

진리이신 그분은 내 의지와 지식을 장사지내기 원하셨다.

제자가 되기 위해서는 무덤이 있어야 한다.

나의 백색 장례식을 치러야 한다.

그 무덤 앞에서 '항복선언'을 해야 한다.

두 번째 이야기

생의 가장 어두운 심연까지 추락한 사람에게 혹자들은 바닥을 발로 차면 딛고 일어설 수 있지 않느냐고 말한다. 하지만 정작 벼랑 끝에 선 사람들에겐 그런 말이 아무런 위로도 되지 않는다. 전 재산을 잃어버린 사람에게 무슨 말로 용기를 줄 수 있을까. 가슴 무너지는 비극의 주인공이 되었는데, 어떻게 다시 일어설 생각을 하겠는가.

처음엔 현실을 부인하다가 이내 깊은 절망에 빠졌다. 할 수 있는 일이 아무것도 없었다. 남은 것은 후회뿐이었다. 바닥에 주저앉아 상념에 잠겨, 어쩔 수 없이 나를 돌아보기 시작했다.

도대체 내가 무엇을 잘못한 것인가, 어디서부터 다시 생각해야 하는가, 그것도 안 된다면 무엇으로 나를 위로할 수 있는가 고민할 뿐이었다. 모든 것에 화가 났고, 아주 사소한 것에 마음이 상했다. 그런 초라한 내 모습이 미치도록 싫었다.

머리카락을 잃어버린 삼손처럼 모든 힘을 상실하고 하루하루를 살았다. 미래에 대한 아무런 계획도 없던 나날 속에서 가끔 재채기를 하듯 '다시 공부를 시작해볼까' 하는 생각이 떠올랐다. 하지만 도무지 아무런 의욕이 생기지 않았다. 그렇게 드러누운 듯이 시간을 보내던 어느 날, 과거의 파편이 날아왔다. 그것은 이상하게도 대학 시절에 봤던 성경구절 한 줄이었다.

진리를 알지니, 진리가 너희를 자유케 하리라

— 요한복음 8장 32절

내가 다녔던 연세대에는 이 말씀이 커다랗게 적혀 있었다. 학교를 드나들었던 날짜만큼 이 말씀을 읽었을 테니 기억 못하는 것이 오히려 이상할 정도였다. 하지만 느낌이 전혀 달랐다. 이전의 나는 이 말씀을 그저 학교가 지켜온 교육이념, '진리,

자유'라는 교훈 정도로 생각했다. 물론 이것이 성경구절이라는 것을 모르는 바는 아니었지만, 그것이 살아 있는 하나님의 말씀이라고 생각해본 적은 단 한 번도 없었다. 구속함을 받지 못한 나에게 말씀은 영혼을 향한 가르침이 될 수 없었다. 나는 그저 그럴듯한 명언을 대하듯 건성으로 말씀을 읽을 뿐이었다.

'진리가 나를 자유롭게 한다는 것은 열심히 공부해 지식을 쌓아두라는 뜻이겠지. 그래, 열심히 공부해서 성공하자.'

'진리'를 '지식'으로, '자유'를 '성공'으로 단순하게 해석했던 나는 지식을 쌓아 성공하자는 간단한 결론을 내리고 말씀을 마주했다. 그런데 나에게 떠오른 말씀이 이상하게 마음을 움직였다. 자유에 대한 갈망이었다. 나는 삶에서 처음으로 진정한 자유가 무엇인지 궁금해지기 시작했다.

'뭐지? 진리가 뭐지? 지식 아니었나? 진리가 뭐기에 나를 자유롭게 하지? 그럼 그 진리가 지금의 이 답답한 고통 속에서 나를 해방시킬 수도 있다는 건가?'

자유를 얻는 일은 결코 쉽지 않다. 우리가 살아가는 동안 만

나는 수십, 수백 가지의 사건과 관계들 속에서 마음의 평화를 유지한다는 것은 인간 한계에 대한 도전이기도 하다. 스스로의 올무에 붙잡혀 옴짝달싹하지 못하는 포로 된 자에게 하나님은 어떻게 자유를 주신다는 것일까? 나는 그런 자유가 그리웠다. 그 자유를 갈망했다. 그러다 그 앞에 있는 성경말씀에서 큰 깨달음을 얻게 되었다.

너희가 내 말에 거하면 참 내 제자가 되고

— 요한복음 8장 31절

말씀은 나의 의문점을 조금씩 해결해주었다. 그리고 하나님의 말씀 안에 거한다는 것이 무엇인지 깨닫게 되었다. '진리'는 내가 쌓아온 지식이나 수많은 경험에 있는 것이 아니었다. 그 진리는 다름 아닌 '그리스도'였다.

학교에 다녔던 그 긴 시간 동안 단 한 번도 깨닫지 못했던 말씀의 능력이 드디어 나에게 다가왔다. 우주가 진동하는 것과 같은 진동이 내 영혼을 울렸다. 수없이 참석했던 채플과, 수없이 들었던 설교들이 갑자기 살아나 운동력 있게 나의 가슴을

쳐 내렸다. 긴 시간 동안 단 한 번도 깨닫지 못했던 진리가 나를 찾아온 것이다.

'아, 그렇군요. 예수님의 말씀이 진리였군요. 당신의 말씀 안에서 진정한 제자가 되는 거였군요….'

문득 진리와 자유 앞에 주시는 예수님 말씀에서 참 진리와 자유를 알게 되었다. 눈물이 흘러내렸다. 가슴에는 평화가 깃들었다. 그리스도의 말씀을 깨닫는 순간 나는 그분의 제자가 되었다. 무거운 짐은 나비처럼 가벼워졌다. 기적이었다.

진리는 예수님의 말씀이었다. 나를 향한 예수님의 말씀과 뜻은 내가 그분의 참 제자가 되는 것이었다. 회심하기 전, 나는 나의 지식과 의지로 살았다. 믿음생활도 내 생각의 범주 안에서 행했다. 그러나 진리이신 그분은 내 의지와 지식을 장사 지내기 원하셨다. 제자가 되기 위해서는 무덤이 있어야 한다. 나의 백색 장례식을 치러야 한다. 그 무덤 앞에서 '항복선언'을 해야 한다.

그러므로 우리는 세례를 통하여

그의 죽으심과 연합함으로써 그와 함께 묻혔던 것입니다.

그것은, 그리스도께서 아버지의 영광으로 말미암아

죽은 사람들 가운데서 살아나신 것과 같이,

우리도 또한 새 생명 안에서 살아가기 위함입니다.

— 로마서 6장 4절

오스왈드 챔버스Oswald Chambers는 《주님은 나의 최고봉》(토기장이 역간)에서 이렇게 말했다.

그 누구도 '옛사람이 죽는 무덤'을 지나지 않으면 온전한 거룩의 체험에 들어가지 못합니다. 죽음의 위기가 없다면 거룩은 단지 환상일 뿐입니다. 반드시 '무덤'이 있어야 합니다. 이 무덤만이 부활로 이어집니다.

진실로 죽음의 마지막 날들을 보낸 적이 있습니까? 한낱 감상이 아니라 진정으로 마지막 죽음을 체험했습니까? 당신은 자신의 장례식에 참석하거나 흥분 가운데 죽을 수 없습니다. 죽음이란 당신의 존재가 멈추는 것입니다. 열심과 간절함으로 그리스도인이 되려는 자세를 멈추어야 한다는 하나님의 음성에 동의하십니까?

우리는 묘지를 스쳐지나가지만 죽음으로 가는 것만은 언제나 거부합니다. 죽는 것은 노력한다고 되는 것이 아닙니다. 오직 '주의 죽으심과 합하여 세례를 받음으로' 죽는 것입니다. 당신에게는 당신의 '무덤'이 있습니까? 아니면 죽은 것처럼 당신의 영혼을 속이며 거룩한 게임을 하고 있습니까? 당신의 인생 속에 마지막 날로 기록된 때와 장소가 있습니까? 이 장소는 고통스럽지만 예외적으로 감사한 기억으로 우리 마음속에 남아 있을 것입니다.

주님 안에서 진정으로 회심한 날, 나는 내 자아의 장례식을 치렀다. 나의 무덤 앞에서 항복선언을 했다. 항복선언 이후로는 내가 산 것이 아니었다.

나는 매순간 갈라디아서 2장 20절을 열심히 외웠다.

나는 그리스도와 함께 십자가에 못박혔습니다.
이제 살고 있는 것은 내가 아닙니다.

그리스도께서 내 안에서 살고 계십니다.

내가 지금 육신 안에서 살고 있는 삶은,

나를 사랑하셔서 나를 위하여 자기 몸을 내어주신

하나님의 아들을 믿는 믿음 안에서 살아가는 것입니다.

— 갈라디아서 2장 20절

하나님은 마른 막대기 같은 나를 사용하려 하셨다. 나를 사용하시려는 그분은 무덤을 원하셨다. 나에게 "내 사랑하는 정하야, 지금 너의 '무덤'을 지날 의향이 있느냐?"라고 물으셨다.

나는 그 물음에 "예."라고 대답했다. 주님의 말씀에 동의한 그 순간이 바로 이 땅에서 나의 마지막 날이었다.

나는 우리 학교 NJUCA의 사랑스런 학생들이 예수 그리스도의 참 제자가 되기를 바라며 매일 눈물로 기도한다. 학생들에게도 수없이 권면했다. 많은 학생들이 지식을 좇아 미국에 건너왔다. 부모님들의 기대도 컸다. 탁월한 지식을 연마해 하버드대와 예일대, 스탠퍼드대 등 명문대에 들어가기를 원한다. 좋다. 그러나 더 중요한 것이 있다. 바로 참 제자로서 사는 것이다. 나는 지식에 관한 마르틴 루터Martin Luther의 이 말을 좋아한다.

너의 지식에 따라 살지 말고, 너의 지식을 뛰어넘어라. 무지 속으로 뛰어들어라. 그리하면 내가 네게 나의 지식을 줄 것이다. 무지야말로 올바른 지식이다. 네가 어디로 가는지를 모르는 것, 이것이야말로 네가 어디로 가는지를 아는 것이다. 나의 지식은 너를 완전히 무지하게 만든다.

그러므로 아브라함은 자신의 고향을 떠났고, 어디로 갈 바를 알지 못하였던 것이다. 그는 나의 지식을 믿고 자신의 지식을 버렸다. 그리하여 그는 올바른 길을 따라 올바로 목적지에 도달했다. 보라, 이것이야말로 십자가의 길이다. 너는 그 길을 발견할 수 없다. 오히려 내가 소경인 너를 인도해야 한다. 그러므로 너를 인도하는 자는 너도, 어떤 인간도, 어떤 피조물도 아니다. 내가 나의 영과 말씀을 통해 친히 너를 인도할 것이다.

네가 선택한 업적이나 네가 생각한 고난이 아니라 너의 선택과 생각, 욕망을 거슬러 네게 다가오시는 분이 너를 인도할 것이다. 나를 따르라. 나는 외친다. 여기에 학생이 있다. 이제 너의 스승이 올 때가 되었다.

NJUCA에는 큰 스승이 계신다. 그분은 모두에게 "나를 따르라."고 말씀하신다. 그분을 따르기 위해서는 무덤이 필요하다. 어린 학생들은 참된 제자가 되었을 때 비로소 이 땅을 바꾸는 큰 인물이 될 수 있다. 얄팍한 인간의 지식에 따라 살지 않는 것, 지식을 뛰어넘어 무지 속으로 뛰어드는 것, 위대한 그 스승의 말씀 앞에 엎드리는 것, 이것이야말로 우리 학교가 추구하는 교육철학이다. 나는 여기에 인생의 성공과 실패의 키가 있다고 확신한다. 그 확신은 바로 나의 절절한 신앙 체험에서 비롯된 것이다.

오랜 계획 속에 있던 하나님의 약속이 구원의 감격으로 실현되던 그날, 나는 모든 것을 이해하게 됐다. 나의 삶에 일어났던 일들, 순풍처럼 지나왔던 축복과 예고치 않은 불행까지…. 그리고 나를 위해 기도하는 아내가 내 옆에 조금의 동요도 없이 있었다는 사실도 알게 되었다.

나에겐 아무것도 부족하지 않았다. 그 어느 때보다 자유로웠으며 더없이 행복하다는 것을 진실로 깨닫게 되었다.

그분께 항복하니 행복이 찾아왔다.

행복한 멈춤의 시그널

그날 누군가가 내 옆에서 "어때? 별로지?"라고 말했었는지도 모른다.

"그냥 가자." 하며 내 어깨를 붙잡았는지도 모르겠다.

그런데 왜일까, 나는 그 땅이 아름답고 풍요롭게 느껴졌다.

이곳에 새롭게 세워질 건축물이 보이는 듯했다.

순간, 나는 그곳이 하나님께서 나에게 허락하신 땅임을 알아챘다.

그저 황폐한 땅은 왠지 나를 닮은 것 같아 더욱 마음이 갔다.

세 번째 이야기

은혜를 경험하고 난 뒤에 나는 성급한 마음을 버렸다. 서둘러 돈을 벌기 위해 뛰쳐나가지도 않았고, 조급하게 공부를 다시 시작하지도 않았다. 망해버린 현실을 수습하려고도 하지 않았고, 그저 쉬며 기도를 시작했다. 진리를 내 안에 채우고 싶다는 간절한 소망에 사로잡혀 있을 뿐이었다. 그것이 하나님이 나에게 허락하신 강력한 멈춤이었다. 세상의 눈으로는 멈춰 선 것 같았지만 사실 나는 영적으로 성장하기 시작했다. 하나님의 은혜는 작은 빗방울처럼 내려와 나를 적시고 마음의 밭을 일구어주셨다. 메마른 영혼에 내리는 은혜의 단비는 그야말로 '행복한 멈춤'의 시그널이었다.

아, 그날의 눈물을 어떻게 말로 설명할 수 있을까. 인생을 다시 살기 시작했다는 평범한 말로는 도저히 설명이 안 되는 영혼의 자유함, 그 짜릿했던 순간을 어떻게 다 서술할 수 있을까. 기도가 곧 눈물이 되는 시간, 세상의 지식이 아닌 그리스도의 진리를 구하는 영적 멈춤 속에서 나는 힘 있게 기도하고 찬양했다. 미친 듯이 말씀을 읽어 내려갔다.

지나버린 시간의 기억들도 모조리 꺼내 하나하나 복기하며 다시 써내려가기 시작했다. 모범생이었던 학창 시절과, 성공을 추구하던 대학 시절, 명예를 원했던 교수 시절과 돈을 좇았던 사업가 시절까지 인생 1막의 모든 시간을 하나님 앞에 내려놓았다. 세상의 방법이 아닌 하나님의 방법으로 말씀의 가르침 안에 섰다.

변화를 위해 기도할 때 하나님은 말씀하신다. 듣는 귀가 있는 자에게 "이렇게 하라."고 가르치신다. 그리고 순종할 때, 약속된 말씀을 이루신다. 나는 나의 삶을 송두리째 변화시킬 아버지의 뜻을 구하면서 아내와 함께 기도로 매일 새벽을 깨웠다.

그런 과정을 겪은 뒤에 드디어 나에게 듣는 귀가 생겼다. 눈을 감고 물었다.

"아버지, 이제 말씀해주세요."

사도 바울과 같이 '나의 나 된 것이 주님의 은혜'임을 알게 된 그때부터 내 삶은 변화하기 시작했다. 안락하고 평온한 환경을 끊어내고 예수 그리스도를 바로 믿기 위해 또 다른 결단을 내려야 한다는 마음이 나를 지배하기 시작했다. 그때 마음 속에 작은 소망 하나가 고개를 들었다.

그것은 바로 하나님과의 은밀한 교제를 집중적으로 할 수 있는 특별한 장소를 만드는 일이었다. 나와 같은 심정을 가지고 믿음 안에서 새로운 결단을 시작하는 크리스천들을 위한 기도의 터, 그리고 믿음의 장소를 짓고 싶다는 마음은 소망이 되고 비전이 되었다.

그러다 우연히 뉴저지에서 버려진 한 장소를 발견하게 됐다. 그곳의 이름은 청소년센터를 연상케 하는 '트렌튼 소년소녀 클럽(Boys & Girls Club of Trenton)'이었다. 누구의 소개였었는지, 또 어떤 이의 추천이었는지는 중요하지 않다. 나는 그곳에서 하나님이 주신 강력한 사인을 보았다.

트렌튼 소년소녀 클럽은 재정난으로 버려져 있었다. 황무지와 같은 곳이었다. 인수할 사람이 없던 16만 5,300m²(5만여 평)의 넓은 부지는 4년 동안이나 쓰레기장처럼 버려져 있었다. 황폐한 정원은 짐승이 깃들어 사는 자연 그대로였다. 나무와 풀은 사람의 손을 거치지 못한 것을 원망하듯 무성했다. 그 가운데 덩그러니 남아 있는 낡아 빠진 건물 하나와 쓰레기가 가득한 수영장이 유일한 건축물이었다.

그날 누군가가 내 옆에서 "어때? 별로지?"라고 말했었는지도 모른다. "그냥 가자."고 내 어깨를 붙잡았는지도 모르겠다.

:: 1988년 4월 '트렌튼 소년소녀 클럽'을 막 인수했을 때 건물의 모습

그런데 왜일까, 나는 그 땅이 아름답고 풍요롭게 느껴졌다. 그곳에 새롭게 세워질 건축물이 보이는 듯했다. 아름다운 꽃들도 피어나는 것 같았다. 그저 모든 것이 아름답게만 비치는 순간, 나는 그곳이 하나님께서 나에게 허락하신 땅임을 알아챘다. 그저 황폐한 땅은 왠지 나를 닮은 것 같아 더욱 마음이 갔다. 조금만 일구고 애정을 쏟는다면 아름답고 비옥한 땅으로 거듭날 수 있을 것이라는 믿음이, 나를 향한 아버지의 마음 같아서 기분 좋았다.

전 재산을 털어 땅을 구입하기로 마음먹고 기도를 시작했다. 물론 주변의 반대가 심했다. 한심하게 여기는 이들의 구설도 엿들었다. 하지만 당시 나에게는, 그곳을 나처럼 믿음 안에서 새로운 삶을 시작하는 이들이 편안히 쉴 수 있는 '푸른 초장'으로 만들고 싶다는 마음뿐이었다.

그 마음은 갈수록 강해졌다. 누구에게도 맡기지 않고 내 손으로 직접 일구어내겠다는 다짐 속에 매일 새로운 하루를 시작했다. 눈을 뜨면 새벽기도를 하고 집에서 차로 2시간이나 걸리는 그곳으로 매일 달려갔다. 인부를 부르는 것은 경제적으로 부담이 됐기 때문에 혼자서 하나씩 천천히 가꾸기 시작했다.

쓰레기를 치우는 것부터 시작해 풀과 나무를 베어내고 길을 만들면서, 머릿속에 그려둔 나만의 스케치는 더욱 선명해졌다. 시간이 어떻게 흘러가고 있는지도 모르고 지내던 어느 날, 아내가 나에게 물었다.

"이름은 뭐라고 지을 거예요?"

생각해보니 그때까지 내가 만들려고 하는 곳의 이름도 생각해보지 않았다. 어쩌면 내가 꿈꾸던 곳은 흔히 말하는 '기도원'이라든가 '수양관'과 별반 다르지 않아 보였다. 기도도 하고 모여 쉬기도 하며 영혼의 행복한 쉼을 얻는 곳이니 그야말로 기도원이라는 표현이 맞을 수도 있다.

하지만 목적이 드러나는 이름은 피하고 싶었다. 내가 꿈꾸는 '푸른 초장'은 다목적 공간이었다. 특별한 작정기도나 집중적인 훈련을 위해 찾는 이도 있겠지만 그저 아무나, 아무 때나 와서 쉬고 안식하는 곳이길 바랐다. 아무 준비나 목적이 없어도 그냥 와서 쉬어가는, 영혼의 열린 공간이길 바랐다. 때론 그런 쉼이 그 어떤 밀도 높은 훈련보다 더 강력한 에너지를 만들어준다는 것을 우리는 이미 알고 있지 않은가. 함께 나누고 사귀는 것이 책을 읽는 교육보다 더 큰 성장을 가져온다는 것을 이미 경험하지 않았던가. 나도 모르게 '아카데미'라는 말이 번뜩 떠올랐다.

"이건 어때? 크리스천아카데미…."

아내는 고개를 끄덕여주었다. 아내는 나의 마음을 알고 있었다. 부끄럽지만 교수로 재직했던 시절을 그리워하며, 학교사업을 하고 싶어 하던 나의 소망이 담긴 말이라는 것을.

그날 이후 우리는 황무지에 '아카데미' 건설이라는 뜻을 함께 품었다. 믿음 안에서의 '푸른 초장 일구기'를 시작했다. 그렇게 정해진 정식 명칭은 '뉴저지 크리스천아카데미(NJCA)'였다.

부지를 구입하고 간판을 단 뒤에 나는 양복을 벗었다. 이전과는 전혀 다른 차림으로 머리에 모자 하나를 눌러쓰고 하루 종일 크리스천아카데미에서 살기 시작했다. 땀은 거짓 없이 열매로 영글었고 NJCA는 조금씩 모습을 찾아나갔다. 시설이 하나둘씩 세워졌고 새로 심은 묘목들은 아름답게 성장해갔다. 풀 한 포기, 꽃 한 송이에도 애정을 쏟지 않을 수 없었다. 모두가 내 손으로 직접 일궈낸 것들이었으니 말이다.

이 모든 과정에서 아내는 우직하게 나를 도와줬다. 나보다 먼저 신앙의 길을 간 믿음의 선배인 아내는 내게 믿음이 떨어질 때마다 말씀으로 권면했다. 이역만리 타향에서 의사로 일해 힘들게 모은 돈을 아끼지 않고 크리스천아카데미에 쏟아부었다.

그렇게 하나둘씩 모습을 갖춰나갈 때 나의 믿음도 조금씩 자라고 성장했다. 우리 시설에 찾아오는 목회자들과 교제하면서 날마다 도전받았다. 그들의 믿음을 본받고 싶어 더욱 열심히 기도할 수 있었다.

그들을 섬기면서 하나님은 나의 계획과 상관없이 당신의 뜻을 보이셨다. 그리고 그때 나는 순종하는 마음으로 신학대학원에 진학할 수 있었다. 나 자신의 부족한 믿음을 집중적으로 키우는 방법은, 신학을 공부하여 내 믿음을 바르게 다잡는 것이었기 때문이다.

한번은 뉴저지 크리스천아카데미를 방문한 어느 목회자가 이렇게 말했다.

"장로님, 여기 꼭 강원도에 있는 예수원 같아요. 크리스천아카데미에 와서 예수님 만나고 가네요. 정말 감사합니다."

혹시 잘 모르는 분들을 위해 설명을 덧붙이자면, 예수원은 성공회 신부였던 고故 대천덕 신부가 세운 기독교 수도원으로 매년 수만 명이 방문해 참 안식을 경험하는 곳이다. 크리스천아카데미를 방문하는 사람들이 그런 안식과 평안을 느낀다니, 나 역시 감격스러울 뿐이었다. 뉴저지 인근은 물론이고 먼 지역에서 찾아와준 수많은 믿음의 자녀들은 환한 얼굴로 내 손을 잡아주었다. 그들이 크리스천아카데미를 '영적인 안식처'라고 불러줄 때마다 나는 더없는 감격에 가슴이 벅찼다.

하지만 이것이 끝이 아니었다.

몸은 힘들었지만 가슴 벅찬 행복감을 느끼던 순간, 내 인생을 송두리째 바꿔 흔들었던 사건이 일어났다. 모든 것이 하나님의 뜻이라고 감사의 고백을 드리던 어느 날, 정말 예기치 않은 일이 찾아왔다. 내 심장을 도려내는 것과 같은, 믿기지 않는 일이….

아들의 죽음이었다.

아들의 죽음

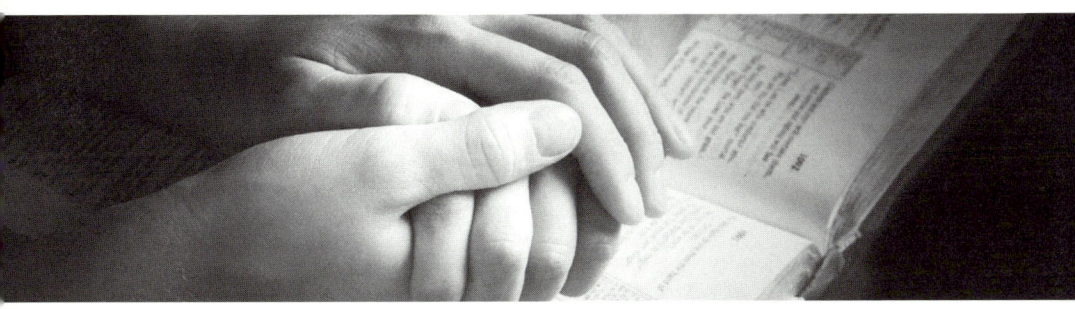

만약 인생의 모든 실수들이 무기가 되어
나를 할퀴겠다고 한다면, 그것을 허락하지 말아야 한다.
혹시 내가 지은 죄 때문에 나를 벌하는 것이라면,
결코 나의 가족에게는 그러지 말라고 빌어야 한다.

네 번째 이야기

"따르릉…."

곤히 잠을 자고 있는 나를 깨운 한밤중의 전화벨. 수화기를 드는데 왠지 모를 서늘함이 느껴졌다. 불안한 예감이 휘감는 와중에도 수화기를 드는 물리적인 움직임을 멈추지 못했다. 수화기 저편에서, 다급한 목소리가 들려왔다.

아담이었다. 큰아들 조셉(한국이름 신한준)의 영국인 친구였다. 이 시간에 웬일일까? 뉴욕 시간을 몰라 새벽에 전화한 것은 아닐 텐데…. 아들과 함께 스페인에 있어야 할 아담이 도대체 왜

이 시간에 전화를 했을까. 슬쩍 공포가 느껴졌다. 약간 긴장한 목소리로 나는 아담에게 물었다.

"How are you doing? What's happening?(어떻게 지내니? 무슨 일 있어?)"

나의 질문이 있고 얼마나 정적이 흘렀을까. 아담은 아무 말도 하지 않았다. 이윽고 흐느끼는 소리가 새어나왔다. 더 이상 아무것도 묻지 못했다. 입을 다물고 있는 사이, 침묵은 무겁고도 길게 나를 짓눌렀다. 그 짧은 시간 속에서 나는 영원을 헤매는 것 같은 불안에 짓눌려 꼼짝도 할 수가 없었다. 흐느낌은 점점 커져갔고, 수화기 건너편의 아담은 결국 엉엉 소리를 내며 울기 시작했다. 목이 터져라 울부짖는 소리가 귓가에 울렸고, 그 소리는 고스란히 내 가슴을 쳤다. 어떻게 직감하지 않을 수 있겠는가. 내 아들 조셉에게 무슨 일이 생긴 것이다.

"Tell me, what's happening?(말해봐, 무슨 일이니?)"
"Dr. Shin···. Oh, I'm so··· sorry···. Joe··· is dead···.(신 박사님···. 오, 정말··· 죄송해요···. 조가··· 죽었어요···.)"

언뜻 그 말이 무슨 뜻인지 이해가 되지 않았다. 조셉이, 나의 아들이 죽었다니. '죽었다'라는 말이 무슨 뜻인지를 이해하지 못하는 아이처럼 머릿속은 온통 뒤엉키기 시작했다. 머리는 아직 다 이해하지 못한 것 같은데, 심장은 덜컹거리는 소리를 냈고 눈물이 흘러내렸다.

"어떻게?", "무슨 일로?"라는 식의 질문을 했었는지, 또 무슨 이야기를 들었는지, 잘 기억이 나지 않는다. 그저 나의 기억 속의 그 순간은 섬광에 시력을 상실한 것 같은 숨 막히는 어둠이었다는 것, 그리고 내 심장이 활활 불타 요동쳤다는 것, 어디선가 날카로운 돌이 날아와 가슴에 콱 박힌 것처럼 숨이 잘 쉬어지지 않았다는 것이다. 심한 갈증이 느껴졌지만 한 모금의 물도 삼킬 수 없었다. 이전의 삶에서 단 한 번도 경험하지 못한 강렬한 슬픔이 나를 점령했다.

만약 인생의 모든 실수들이 무기가 되어 나를 할퀴겠다고 한다면, 그것을 허락하지 말아야 한다. 혹시 내가 지은 죄 때문에 나를 벌하는 것이라면, 결코 나의 가족에게는 그러지 말라고 빌어야 한다. 되돌릴 수 없는 시간이 야속하게 '째깍째깍' 소리까지 내며 조롱하듯 지나갈 때, 무기력한 인생이 할 수 있는 것이 무엇이겠는가. 후회한다고 해서 달라질 것이 무엇일까. 눈물도 아무런 의미가 없었다.

나는 나의 귀를 믿을 수가 없었다. 내 전 재산이나 건강 따위와 비교할 수 없는 절대의 가치가, 유리병이 깨어진 것처럼 산산조각 났다는 것을 깨닫는 순간 차라리 현실이 아니라고 부인하고 싶었다. 생각이, 슬픔이 육체를 장악하는 순간, 온몸은 마비되고 부들부들 떨려왔다. 탄식도 말라버린 내 입은 숨조차 쉴 수 없었다. 그때 잠에서 깨어난 아내가 나를 쳐다보았다. 아무 말도 하지 않았지만 모든 것을 다 아는 듯한 처연한 눈이었다.

1991년 7월 27일, 조셉은 다음 해에 올림픽이 열릴 바르셀로나에 친구들과 함께 여행을 갔다. 마침 회사에서 로스엔젤레스 지사의 책임자로 발령을 받아놓은 상태였는데, 친구의 초청으로 휴가 차 스페인에 갔다가 바르셀로나 골목 어딘가에서 교통사고로 세상과 이별을 했다고 한다. 그저 호기심과 학문적 탐구욕에서, 어쩌면 낭만적인 유혹에 이끌려 한 도시로 여행을 떠난 청춘이 그곳에서 인생을 마감할 수도 있다는 상상을 어떻게 감히 할 수 있었으랴. 손을 흔들며 잘 다녀오겠다던 아들의 환한 얼굴이, 사랑하는 조셉의 얼굴이 눈앞에 어른거렸다.

아내와 엉겨 붙어 얼마나 울었는지 모른다. 가족과 주변 사람들에게 이 사실을 알리고 나니 더 이상 할 것이 없었다. 사실을 확인하고 "아들의 주검을 찾으러 스페인에 가겠느냐?"고 사람들이 물었지만 용기가 나지 않았다.

미국 대사관을 통해 아들의 주검이 도착할 때까지, 나흘이라는 시간 동안 나는 그저 울고, 울고, 또 울 뿐이었다. 내게 주신 이 예기치 못했던 절망에 대해 하나님을 원망하며 견딜 수 없는 고통을 참아내고 있었다.

다시 수없이 주님께 외치지 않을 수 없었다.

"오, 주여, 왜!"

첫 번째 아이 조셉은 정말 귀한 보배였다. 착하고 순진한 모범생으로 살아온 아들이었다. 남을 배려하는 사려 깊은 마음을 가졌고 늘 온순하게 부모의 말씀에 순종하면서도 자기의 일을 게을리 하지 않았다. 학창시절에는 성적 때문에 부모 속 한 번 썩인 적이 없었다. 명문 MIT에 진학해 전자공학을 공부하던 인재였다.

조셉을 보면 모두들 나에게 "아들 농사 참 잘 지으셨네요." 라고 입을 모아 칭찬했다. MIT 학부과정을 졸업하고, 또 유명

한 컴퓨터 회사에 입사하는 일도 아무런 고민이나 갈등 없이 이뤄졌다. 걱정하고 의심할 이유가 없는 믿음직한 아들이었다. 직장 때문에 로스앤젤레스로 이사를 간 뒤에도 오히려 나의 일을 염려해 전화로 챙겨주는 섬세한 효자였다. 그런 아들이 짧은 휴가를 떠난 뒤 다시 돌아오지 못한다는 것은, 도저히 믿을 수 없는 일이었다.

장례식이 시작되고 많은 사람들이 찾아왔다. 뉴저지연합교회 교우들이 기도하며 위로해주었다. 힘이 되었다. 그러나 그보다 더 큰 힘이 됐던 것은 조셉의 친구들이었다. 조셉의 친구들은 아주 멀리서도 찾아왔다. 비행기를 타고 로스앤젤레스에서 찾아온 친구가 있는가 하면 멀리 알래스카와 하와이에서도 날아왔다. 한 친구가 나에게 이런 말을 했다.

"아버님, 그거 아세요? 저 조셉 덕분에 대학 졸업했다는 거요. 사실 저 대학 다닐 때 집안 형편이 어려워서 학비를 못 내고 있었거든요. 아르바이트도 쉽지 않았고요. 학교를 그만둘까 고민하고 있었는데, 그때 조셉이 월급을 받았다면서 제게 학비를 보내줬어요. 그래서 겨우 졸업했죠. 조셉이 없었다면 지금의 저도 없었을 겁니다. 고맙다는 말도 제대로 못하고, 그 돈

을 갚지도 못했는데…. 죄송해요. 그런 조셉을 이렇게 보내다
니요."

　곁에 있을 때 알지 못했던 누군가에 대한 진실이, 떠난 뒤에
분명해진다는 것은 참 묘한 일이다. 내가 알고 있던 아들로서
의 조셉이 아니라, 사회 속의 다양한 관계 가운데 있던 조셉은
더 성숙했고 아름다웠다. 먼 대륙을 날아온 조셉의 친구들은
그렇게 내 곁에서 조셉의 삶을 증언했다. 그들의 기억 속에 조
셉은 내가 아는 '그냥 모범생'이 아니라, 남을 돌보고 격려하
고 위로하던 힘 있는 친구였고, 강력한 의지를 가진 조력자였
다. 그 사실이 내게 조금씩 위로로 다가왔다.

　그때 가장 안타까웠던 것은 둘째 아들 샘(한국이름 신한상)에게
연락을 취할 수 없었다는 점이다. 샘은 컬럼비아 대학에서 정
치학을 전공한 후 뉴욕 대학 대학원에서 영화를 공부했다. 졸
업 후에 다큐멘터리 프로듀서가 되어 세계 곳곳을 누비고 다녔
는데(1999년에는 뉴스 및 다큐멘터리 부문에서 에미상을 받기도 했다) 그
당시에도 케냐와 탄자니아를 거쳐 자이르(현 콩고)를 지나며 다
큐멘터리를 찍고 있었다. 소식을 알리기 위해 미국 대사관을

통해 연락을 시도해봤지만, 소재를 파악할 수 없다는 답변만 돌아왔다.

그러다가 결국 샘은 가봉에서 대사관을 통해 비보를 듣게 되었다. 황급히 달려왔지만 이미 장례식도 다 끝난 후였다. 집으로 돌아온 둘째의 얼굴은 깊은 통한으로 얼룩져 있었다. 어느 날 흔적도 없이 사라져버린 형…. 망연자실하던 그 모습이 내 가슴을 더욱 미어지게 했다.

나는 내가 아주 오래 전에 인생을 받아들였다고 생각했지만, 그것은 사실이 아니었다. 부모의 뜻에 순종하고 모범적인 삶을 산다 해도, 그런 삶이 인생의 질문에 늘 해답을 알려주지는 않았다.

부르심의
또 다른 이름

나에게 일어난 일도 역시 내 잘못이 아니라는 것,
"너의 죄 때문은 결코 아니다."라고 내게 말씀하셨다.
그저 하나님의 뜻이었다.
나의 삶을 이끌어 가시는 아버지의 뜻은,
고스란히 그분의 계획이며
그분의 영광을 위한 것이라는 것을 인정해야 했다.

다섯 번째 이야기

아들의 죽음을 생각하면 정지용 시인의 '유리창'이라는 시가 떠오른다.

유리에 차고 슬픈 것이 어른거린다.
열없이 붙어서서 입김을 흐리우니
길들은 양 언 날개를 파다거린다.
지우고 보고 지우고 보아도
새까만 밤이 밀려나가고 밀려와 부딪히고
물먹은 별이, 반짝, 보석처럼 박힌다.

밤에 홀로 유리를 닦는 것은
외로운 황홀한 심사이어니
고운 폐혈관이 찢어진 채로
아아, 늬는 산새처럼 날아갔구나!

'지우고 보고 지우고 보아도, 새까만 밤이 밀려나가고 밀려
와 부딪혀 가슴이 멍들었다'는 시인의 고백이 나의 가슴속 느
낌을 그대로 말해주는 것 같았다. 아들은 날개를 잃었고 피를
흘리며 내 품을 떠났지만, 나는 아들을 보낼 수가 없었다. 어떻
게 떠나보내야 하는 건지 배운 적도 없었고 깨닫지도 못했다.
 나는 스스로 어둠에 갇혔고 하나님과의 교제는 한계에 다다
른 듯 힘겨웠다. 내가 주님 안에서 새로 태어났다고 생각하던
그때, 왜 나에게 그런 감당할 수 없는 시련이 찾아오는 것인지
알 수 없었다. 크리스천아카데미를 하나님의 집이라고 생각하
며 섬기려는 나에게 왜 이런 일을 하시는 건지 도대체 이해할
수가 없었다.

 아들이 죽은 직후 나와 아내는 크리스천아카데미를 다른 사
람에게 양도하기 위해 적당한 곳을 알아보고 있었다. 그렇게

아들을 떠나보내면서 크리스천아카데미를 계속 섬길 마음의 여유가 없었던 탓이다. 사람들을 만나는 것도 부담스러웠고, 다른 이를 위로할 힘도 없었다. 그저 모든 것을 접고 조용히 숨어 지내고 싶다는 생각만 간절했다. 하지만 뜻대로 되지 않았다. 설립이념을 지켜 같은 마음으로 섬겨줄 사람을 찾는 것이 마땅치 않았기 때문이다.

시간은 많은 것을 해결해준다. 기다리는 동안 하나님께서는 나의 마음을 조금씩 움직이셨고, 아들을 먼저 떠나보낸 아버지에게 빚진 마음을 주셨다. 자꾸만 크리스천아카데미에 대한 또 다른 의무감이 떠나지 않았다.

그러던 어느 날 나는 말씀 속에서 하나님의 음성을 들었다.

예수께서 대답하셨다.
"이 사람이 죄를 지은 것도 아니요,
그의 부모가 죄를 지은 것도 아니다.
하나님께서 하시는 일들을 그에게서 드러내시려는 것이다.
– 요한복음 9장 3절

태어날 때부터 소경인 자에 대해서 제자들이 예수님에게 물었다. 그때 예수님은 소경이 앞을 못 보게 된 것은 부모의 죄 때문이 아니라고 말씀해주셨다. 물론 자신의 죄도 아니었다. 그것은 하나님이 하시는 일을 세상에 나타내기 위한 당신의 섭리였던 것이다.

나에게도 그랬다. 나에게 일어난 일 역시 내 잘못이 아니라고, "너의 죄 때문은 결코 아니다."라고 내게 말씀하셨다. 그것은 그저 하나님의 뜻이었다. 아버지께서 하시고자 하는 일을 세상 가운데 보이기 위해 주님께서 허락하신 일이었다. 나의 삶을 이끌어가시는 아버지의 뜻은 고스란히 그분의 계획이며 그분의 영광을 위한 것이라는 것을 인정해야 했다. 그리고 그때 나에게 아내가 말을 건네왔다.

"여보. 나는 감사할 수 있어요. 하나님께서는 이렇게도 착하고 고운 성품을 가진 아름다운 아이를 우리에게 보내주셔서 27년이나 아들로 살게 해주셨잖아요. 그 긴 시간 동안 우리 모두는 함께 행복했잖아요. 이제 하나님께서 조셉을 데려가신 건 더 아름다운 곳에서 살라고 허락하신 축복이에요. 살면서 받을 큰 고통을 미리 걷어가신 거라고요. 그러니 당신도 이제 조셉을 보내줘요. 그것이 하나님의 뜻이에요."

그렇다. 27년간 내 곁에서 아들로 살아준 곱디고운 아이였다. 아들과 영원히 이별한 것이 아니었다. 하나님의 아름다운 땅에서 조셉은 안식하며 있을 것이고, 언젠가 그곳에서 다시 만날 것이라는 소망을 내 안에 품어야 했다. 그제야 나는 조셉의 죽음을 받아들일 수 있었다.

어쩌면 이런 까닭에 내가 지금 미국 사립 고등학교의 이사장으로 일하고 있는지도 모른다. 스물일곱의 청년 조셉이 나의 마음에 살아 있다. 그 얼굴을 떠올리다 보면 또 다른 청년들에게 아버지의 마음을 가지게 된다. 그래서 조셉과 같이 청년기를 살아가는 젊은이들에게 알 수 없는 애정과 연민을 느끼는 것이다.

하나님께서 나에게 명하신 섬김은 결코 나에게서 나온 것이 아니다. 그러므로 지금 우리 학교의 아이들을 사랑하고 후원하는 일이, 내게는 결코 형식적일 수 없다. 내게 그 아이들은 모두 조셉이기 때문이다.

길고 긴 시간이 지나서야 나는 알게 되었다. 이제 인생을 받아들이고, 모든 욕심을 버려야 한다는 것을. 인생이 나에게 무언가 특별한 것을 해주지 않는다는 걸 깨달을 때, 하나님께서 내가 희망했던 것보다 훨씬 많은 것을 이루게 해주시리라는 것을. 즐겨 부르는 찬송가 중 '십자가의 길, 순교자의 삶'이란 곡이 있다. 묵묵히 십자가의 길을 가는 순교자의 삶이 고스란히 묻어나는 곡이라 부를 때마다 숙연해진다. 잠시 왔다가는 이 땅에서 헛된 것을 좇지 않고, 주님의 순결한 신부의 삶을 살겠다고 다짐해본다.

내 마음에 주를 향한 사랑이
나의 말엔 주가 주신 진리로
나의 눈엔 주의 눈물 채워주소서
내 입술에 찬양의 향기가
두 손에는 주를 닮은 섬김이
나의 삶엔 주의 흔적 남게 하소서
하나님의 사랑이 영원히 함께 하리
십자가의 길을 가는 자에게
순교자의 삶을 사는 자에게
조롱하는 소리와 세상 유혹 속에도
주의 순결한 신부가 되리라
내 생명 주님께 드리리

이 곡의 가사 가운데 특히 내 마음에 깊은 울림을 주는 구절은 '나의 삶엔 주의 흔적 남게 하소서'란 부분이다.

이 땅에서 무엇을 남겨야 하는가. 우리가 지나간 자리에는 반드시 무언가가 남는다. 흔적이다. 크리스천으로서 우리가 남겨야 할 것이 무엇인가. 아직 인생이 구만리 같은 학생들이 평생 걸어가면서 남겨야 할 것이 무엇인가. 그것은 주의 흔적이다. "주님, 나의 삶에 당신의 흔적이 남게 하소서!"라고 매일 기도해야 한다.

찬송가 288장 '예수로 나의 구주 삼고'의 3절 가사는 다음과 같다.

> 주 안에 기쁨 누리므로 마음의 풍랑이 잔잔하니
> 세상과 나는 간 곳 없고 구속한 주만 보이도다
> 이것이 나의 간증이요 이것이 나의 찬송일세
> 나 사는 동안 끊임없이 구주를 찬송하리로다

예수 그리스도를 구주로 삼은 사람들이 고백할 것은 '세상과 나는 간 곳 없고 구속한 주만 보이도다'이다. 그러나 이 땅을 살면서 우리는 '구속한 주는 간 곳 없고 세상과 나만 보이

는' 삶을 산다. 통탄할 일이 아닐 수 없다. '주의 순결한 신부
가 되리라, 내 생명 주님께 드리리라'고 다짐하면서도 세상을
바라보는 나 자신을 보면서 꺼이꺼이 운다.

'흔적'은 그리스어로 '스티그마 stigma'이다. 스티그마는 '표
시(mark)'나 '상처(scar)', 혹은 '소유권을 가리키는 표시'라는 뜻
이다. 대체로 주인이 자신의 소유물이나 노예임을 확인하기 위
해 표시할 때 사용하는 말이다. 스티그마는 또한 '낙인'이라고
도 할 수 있다. 낙인은 쇠 인장印章을 불에 달궈 가축의 엉덩이
에 찍는 것이다. 미국 서부개척 시대에 농장주들은 낙인을 통
해서 자신의 소를 구별했다.

갈라디아서 6장 17절에서 에베소에 있던 사도 바울은 갈라
디아 교회에 보낸 편지에서 "이제부터는 누구도 나를 괴롭히
지 마십시오. 내 몸에는 예수 그리스도의 흔적이 있습니다."라
고 말했다. 여기에서 흔적이라고 번역된 헬라어가 바로 '스티
그마'다.

바울은 스티그마라는 말을 사용하면서 자신이 예수 그리스
도에게 낙인찍힌 종이라는 사실을 강조했다. 더 이상 자신의
소유권이 바울 자신에게 있지 않고 주님께 있다는 것을 밝힌

것이다. 우리는 지금 누구에게 낙인찍혔는지를 생각해보아야 한다. 세상을 바라보는 사람들은 모두 세상에 낙인찍힌 것과 같다. 세상에 헛된 흔적을 남기기 위해서 분투하고 노력한다. 그러나 그런 흔적은 이 땅을 떠난 후에는 아침 안개와 같이 사라진다. 누구도 기억하지 않는다.

그러나 이 땅에서 어떤 삶을 살았는가는 상관없이, 영원한 하늘의 흔적을 남기는 사람들이 있다. 죽은 뒤에도 한없는 그리움의 대상이 되는 사람들이 있다. 그런 사람들은 하늘의 흔적을 남긴 사람들이다.

영화와 TV 다큐멘터리 '울지마 톤즈'를 통해서 우리의 가슴 속에 남아 있는 고故 이태석 신부. 수단 톤즈의 사람들을 위해서 피의 헌신을 그는 이 땅을 떠난 뒤에 오히려 사람들의 마음 속에 남았다. 다큐멘터리와 영화를 통해서 그의 삶을 접한 수많은 한국인들이 눈물을 흘렸다. 그를 가슴에 품었다. '울지마 톤즈'를 아이들에게 보여주는 부모들의 마음은 어떠했을까. 비록 자신들은 세상의 풍파 속에서 그렇게 살지 못했지만, 자녀들은 세상을 떠나면 곧 사라질 안개와 같은 헛된 흔적이 아니라, 영원히 빼앗길 수 없는 하늘의 흔적을 남기길 소망하지 않앉을까.

한 번도 보지 못한 그를 모두가 그리워하는 이유는 하나다. 그의 삶에 '주의 흔적'이 남았기 때문이다. 그 흔적을 보면서, 우리 모두는 비록 지금은 그렇게 살지 못하지만 언젠가는 그런 삶을 살기를 소망한다. 고 이태석 신부, 그에게는 스티그마가 있다. 그 스티그마가 이 땅 위에서 욕망의 바벨탑을 쌓으려는 우리를 한없이 자극한다.

내게 조셉은 흔적을 남긴 자랑스러운 아들이었다. 아들의 흔적과 향기는 지금도 은은하게 풍긴다.

그날 이후 나의 삶엔 더 없이 간절한 소망이 자리 잡았다. 바로 크리스천아카데미를 본격적으로 섬기는 일이었다. 순종하는 마음으로 첫 번째 예배실의 이름을 '조셉홀(Joseph Hall)'이라 지었다. 조셉을 생각하며 죽으나 사나 하나님의 나라를 위해서 헌신하겠다는 나의 다짐이었다. 하나님이 주신 사명을 감당하겠다는 결연한 다짐은 주님의 방법으로 펼쳐지고 있었다.

순종이 나를 이끌어갈 때, 나는 성장의 계단 앞에 서 있다는 것을 알았다. 당시 나에게 필요한 것은 절대적인 헌신과 기도를 통한 주님 안에서의 성장이었다. 영적 성장은 물론 크리스천아카데미의 실제적인 성장을 위해 건축물을 짓고, 수목을 가꾸는 일들이 필요했다. 금전적인 여유는 전혀 없었지만 결코 두렵지 않았다. 걱정도 없었다. 크리스천아카데미를 시작할 당시, 사업에서 실패했던 나에게 여유자금이 전혀 없었다는 것을 누구보다 아버지께서 잘 알고 계셨기 때문이다. 섬김의 장소에서 얻어지는 수익도 별로 없다는 것을 알고 계시니, 나는 그저 기도할 뿐이었다.

하나님의 강권 속에 시작된 인생의 2막이었다. 아들을 보내고 욕심과 이별한 순종의 계단에서, 모든 것을 놓아버린 내게 하나님은 성숙해질 것을 요구하셨다. 그분은 내게 사랑하는 아내와 동역하는 법을 가르쳐주셨다.

내 아내, 신전식 장로는 여자인지 남자인지 헷갈리는 이름을 갖고 있다. 사실은 이름만 헷갈리는 게 아니다. 믿음은 물론이요, 성품도, 의지도 남자인 나보다 훨씬 강건하다. 그런 그녀가 내 인생 항해의 내비게이션이 되었다. 아내는 언제나 최고의 조력자가 되어주었다. 내 인생의 영원한 치어리더였다.

소아과 의사인 아내는 수입이 생기는 대로 모두 아카데미를 후원하기 시작했다. 사정을 알게 된 교회 성도들도 책상이나

의자 같은 물품들을 기증해오기 시작했다. 크고 작은 생활 도구들이 도착할 때마다 나는 이것이, 내 의지와는 상관없는, 하나님이 보내주신 선물이라는 것을 고백하지 않을 수 없었다. 아무런 조건 없이 다가온 그들의 따뜻한 격려는 시원한 바람처럼 나를 깨워 일으켰다.

1993년 조셉홀을 완공한 뒤 주차장을 고쳤다. 해놓고 보니 모양이 꽤 그럴듯해 보였다. 농구대를 놓고 테니스 코트를 들여놓으니 어느 정도 시설들이 갖춰진 것 같았다. 그 다음해에는 약 50여 명을 수용할 수 있는 '아멘하우스'를 지었다. 이름을 그렇게 정한 것은 빠듯한 재정에도 불구하고 그저 "아~ 멘~." 하는 심정으로 시작된 공사를 믿음 안에서 잘 마무리할 수 있었기 때문이다. 그렇게 시설은 나날이 늘어갔다.

1996년에는 모교인 연세대의 노천극장을 떠올리며 계단식 야외예배당을 완공했다. 언덕 위에 침목을 놓고 흙으로 잘 다지면 될 것이라는 간단한 계획으로 시작했는데, 막상 공사를 시작하고 보니 갈수록 태산이었다. 내가 꿈꾸는 야외예배당을 짓기 위해서는 새로운 흙을 사다 날라야 했다. 흙 값이 그렇게 비싼 줄은 그때 처음 알았다. 어리석은 생각에 늘 겁도 없이 일을 저질렀지만, 나의 작은 믿음을 귀히 보시는 주님께서 결국 아름답게 마무리해주셨다.

지금도 야외예배당 앞에 서면 꼭 부르는 찬양이 한 곡 있다. 이곳 공사를 하면서 흘린 땀과 노력이 이 찬양 속에 녹아 있다.

오 신실하신 주 내 아버지여
늘 함께 계시니 두렴 없네
그 사랑 변찮고 날 지키시며
어제나 오늘이 한결같네
오 신실하신 주 오 신실하신 주
날마다 자비를 베푸시며
일용할 모든 것 내려주시니
오 신실하신 주 나의 구주

처음부터 어렵고 힘들다는 생각을 주셨다면 나는 결코 도전하지 못했을 것이다. 세상의 욕심을 가지고 이익과 손해를 따지는 사람이라면 해서는 안될 일이었다. 똑똑한 사람들의 눈에는, 말도 안되는 투자를 하는 내가 어리석어 보일 수도 있었을 것이다. 하지만 하나님은 나에게 어린아이 같은 심정을 주셨다.

그래서 쉽게 일을 시작했고, 어려움을 만나도 기도하게 하셨다. 그것이 이뤄낸 결과물은 놀랍고 아름다웠다.

1997년에 다목적 빌딩인 '벧엘관'을 건축할 때도 마찬가지였다. 2,000m²(600평)이라는 큰 규모로 짓겠다고 했더니 아니나 다를까 주변에서 다들 크게 걱정했다. 하지만 단순히 믿음 하나만 가지고 밀어붙였다. 함석으로 지으면 돈도 많이 안 들고 작업도 수월할 것이라 생각했기 때문이다.

초기비용은 예상과 같았지만 진행하다 보니 자꾸 욕심이 커졌다. 세면장과 화장실은 좀 좋은 것으로 하고 싶었다. 편안하게 쉴 수 있는 온돌방도 만들고 싶었다. 겉모습은 초라해도 내부는 내가 살 집처럼 편안하고 안락하게 만들고 싶은 바람까지 생겨났다. 그러다 보니 예상하지 못했던 곳에 큰돈이 들어갔고, 건축비용이 늘어난 것은 당연한 일이었다.

벧엘관을 마무리 지은 뒤에 나는 더 이상 다른 욕심을 내지 않겠다고 스스로 다짐했다. 모든 수입을 크리스천아카데미에 쏟아부어준 아내에게도 면목이 서지 않는 일이었다. 나보다 더 큰 믿음으로 지지를 아끼지 않았던 아내였지만, 오랜 공사로 우리는 서로 지쳐 있었다. 서운한 마음도 감추지 못했다. 사실 간단한 경제원리에도 맞지 않는 무분별한 시설 확장은 누가 봐도 어리석을 수 있다. 하지만 왜 하나님은 나에게 이런 소망을 주셨을까?

나는 멈추지 못했다. 이번엔 기숙사를 짓기 시작했다.

물론 몇 해 지나지 않아 이것이 학교를 세우기 위한 준비과정이었음을 알게 되었지만 당시에는 나조차도 이해할 수 없는 일들에 사로잡혀 있었다. 기숙사는 처음부터 숙소용으로 짓기 시작했기 때문에 건축규정도 까다로웠다. 화재예방 같은 안전 관리 시설에 관한 정부의 요구를 따르다 보니 건축비용도 많이 들어갔고 건축기간 역시 길어졌다. 하지만 포기하지 않았다.

그렇게 2층으로 지어진 숙소는 60여 명을 동시에 수용할 수 있는 그럴듯한 건물이 되었다. 80여 명이 함께 예배를 드릴 수 있는 예배공간도 갖추게 되었다. 이 건물이 완성됐을 때 나는 눈물을 흘리며 '아가페'라고 이름 지었다. 내가 세상에서 가장 좋아하는 말, 하나님이 주시는 완전한 사랑이 그 안에 머물기를 바라고 소망했기 때문이다.

그 후에도 나는 돈이 생길 때마다 작은 건물을 지었고 모임 공간을 마련했다. 이곳을 방문하는 사람들에게 편안하게 쉴 수 있는 따뜻한 자리를 마음껏 내어주고 싶었기 때문이다. 이렇게 겉모습이 달라지고 시설들이 갖춰지는 길고 긴 시간 동안 나는 성숙해져갔다. 더불어 크리스천아카데미를 향한 하나님의 사랑이 어떤 것인지가 더욱 궁금해졌다.

준비는 끝났다.

모두 준비가 끝난 뒤, 하나님께서는 이곳을 다른 이름으로 부르셨다.

내게 있어 부르심의 또 다른 이름은, 다름 아닌 바로 지금의 NJUCA였다.

잘못 배달된
한 통의 편지

우편배달부의 실수로 편지가 잘못 전달됐다는 것은
우리가 알고 있는 '사실'에 불과하지만, 가까운 곳에 있던 사립 고등학교가
나에게 그 존재를 알려왔다는 것은 '사실' 이상의 것이었다.
이것을 무엇이라 부르겠는가.
그것은 철저한 하나님의 '인도하심'이었다.

여섯 번째 이야기

크리스천아카데미에서 살아온 하루하루는
나를 성장시켰다. 가르치려 하는 사람은 아무도 없었지만,
나는 늘 배우고 있었다. 자연을 돌보시는 하나님의 놀라운 원
리와 우주의 거대함, 그리고 흙 속에 살아가는 수많은 미생물
이 인간에게 베푸는 미덕 같은 것들…. 그것들을 경험하는 동
안 나는 다른 사람, 다른 인격이 되었다.

물론 나의 직업은 크리스천아카데미, NJCA의 설립자이고 이
사장이었다. 누군가에게는 기도원이었고 또 누군가에겐 쉼터였
을 그곳이 나에겐 '영혼의 푸른 초장'인 까닭은 바로 이것이다.

하나님과 긴밀한 교제를 나눌 수 있고 천국을 꿈꾸며 선한 영혼들과 마주할 수 있기 때문이다. 이곳이야말로 '축복의 땅'이라는 생각에 매일 땅과 씨름하며 건물을 세우고 꽃을 심으며 서로의 행복을 빌어주었다. 또한 '해피니스happiness', 즉 행복이라는 이 소박한 단어가 가진 충만한 기쁨의 이야기를 간증하며, 그렇게 긴 시간 욕심 없이 살아올 수 있었다.

하지만 하나님께선 평온의 삶 한가운데 조용히 질문을 던져오실 때가 있다. 이전에는 생각하지 못했던 말씀으로 가슴을 깨뜨리기도 하고, 관계에서 오는 오해들로 파문을 던지시기도 한다. 물결이 물살로 커져 평온의 가장자리로 파도쳐 갈 때 우리는 그분께 묻는다.

"하나님, 무엇입니까?"

그러나 때로는 다른 방법으로 이끄실 때가 있다. 하나님이 나에게 물어온 작은 질문이 세상의 사람들이 말하는 '인연'같이, 혹은 드라마의 한 장면처럼 찾아오기도 한다.

'NJCA', 즉 뉴저지 크리스천아카데미가 어떻게 미국 사립 고등학교인 NJUCA가 되었는지 궁금해하는 사람이 많다. 그 일은 어느 날 갑자기 일어났다. 그야말로 드라마 속에서 남자

주인공과 여자 주인공이 만나는 순간과 비슷하다. 우연히 가방이나 핸드폰이 바뀌는 것과 같은…. 도무지 현실에서는 쉬이 일어날 것 같지 않은 기막힌 우연이 나의 삶에도 있었다. 그것은 믿기지 않게 '한 통의 편지'에서 시작되었다.

　뉴저지 크리스천아카데미 입구에는 빨간 우체통이 하나 있었다. 원래 회사든 기관이든, 우편물 배달은 직급이 제일 낮은 사람들이 하게 마련이다. 그러나 웬일인지 크리스천아카데미에서는 우편물 배달이 항상 나의 몫이었다. 아무도 가져다주는 사람이 없으니 섬기는 마음으로 출근길마다 우체통을 열었고 우편물을 배달했다. 그러던 어느 날, 우체통에서 이상한 편지 한 통을 발견했다.

　봉투에는 분명 '크리스천아카데미'라는 이름이 있었지만 보내는 사람이 누군지 도무지 알 수가 없었다. 봉투를 뜯어보려고 자세히 들여다보니 주소가 달랐다.

　뉴저지 크리스천아카데미의 주소는 '홈스 밀 로드Homes Mill Road'인데 봉투의 주소는 '존스 밀 로드Johns Mill Road'로 표시되어 있었다. 그리고 '뉴저지 크리스천아카데미'가 아니라 '유나이티드 크리스천아카데미United Christian Academy'라고 쓰여 있었다. 가까운 이웃 동네에 이렇게 비슷한 이름을 가진 곳이 있다니, 정말 신기하고 놀라웠다.

이렇게 내게 찾아온 예기치 못한 편지 한 통의 수신처는, 놀랍게도 작은 기독교 사립 고등학교였다. 당시 나는 학교를 시작하기 위해 여러 방면으로 방법을 모색하던 중이었다.

우편배달부의 실수로 편지가 잘못 전달됐다는 것은 우리가 알고 있는 '사실'에 불과하지만, 가까운 곳에 있던 이름이 비슷한 사립 고등학교가 나에게 그 존재를 알려왔다는 것은 '사실' 이상의 것이었다. 이것을 무엇이라 부르겠는가. 그것은 철저한 하나님의 '인도하심'이었다.

편지를 전달해주려는 마음에 일단 학교로 전화를 걸었다. 통화 내내 즐거웠다. 궁금한 점도 있고 사귀고 싶은 마음이 들어 그쪽 학교로 찾아가 관계자와 만나게 되었다. 하나님께서는 그들과 만나는 과정에서 내게 불꽃같은 열정을 쏟아붓기 시작하셨다. 평온의 호숫가에서 시작된 작은 물결은 나의 우주 전체를 뒤흔들 만큼 자라나, 결국 내 힘으로 통제할 수 없는 강력한 소망으로 이어졌다.

'유나이티드 크리스천아카데미'는 믿음 안에서 사명을 갖고 홈스쿨링(homescholing, 자택학습)을 해오던 몇몇 미국인 기독교사가 뜻을 모아 만든 작은 학교였다. 사실 말이 학교지 홈스쿨링을 하던 교사들이 문을 열었기에 겉모습은 초라하기 짝이 없었다. 정부의 인가를 받고 학교를 세웠지만 건물을 지을 돈이 없어 한 침례교회 건물을 빌려서 교실로 사용하고 있었다. 그러다 보니 교실이나 학습장비 등이 부족해 어려움이 많았다.

하지만 이들의 교육목표와 철학은 확고했다. 개교한 지 1년 밖에 안 되는 신설학교였지만, 오랜 시간 기도해왔던 교사들은 그리스도 안에서 올바른 제자를 양성하고 영적 리더십을 키우겠다는 아름다운 비전을 가지고 있었다.

우리는 때로 책을 읽거나 영화 한 편을 보면서, 혹은 간증이나 목사님의 말씀에서 평소 생각해왔던 희미한 실루엣이 뚜렷해지는 경험을 하기도 한다. 애써 찾을 때는 찾지 못했지만, 만나고 나면 너무 쉽게 술술 풀려가는 얌전한 실타래 같은 인생의 사건들이 있다. 그것은 우리가 찾아야 할 그분의 뜻이고, 또 그분이 선한 뜻 안에서 우리에게 이미 주셨던 소망이기도 하다.

초라하지만 강력한 비전을 품고 있는 성실한 인격들을 만나는 것은 큰 기쁨이었다. 몇 번 더 그들과의 만남을 이어갔다. 그러던 와중에 당시 그들의 가장 큰 기도제목이 다름 아닌 '학교건물'이라는 사실을 알게 됐다. 아이들을 잘 양육하고 싶어 하는 '비전 있는 학교와 만나고 싶다'는 기도, 그 간절함이 내 가슴을 두드렸다.

유나이티드 크리스천아카데미는 뉴저지 주정부에 등록된 정규 사립 고등학교다. 교사들이 연합해 기도 가운데 설립한 학교이기 때문에 학생 대부분은 교사들의 자녀들이었다. 가족 단위로 구성되어 있었으니, 그 속에서 학습을 초월한 영적인 만남과 교제가 이루어짐은 너무나도 당연한 일이었다. 아이들이 자연스럽게 믿음 안에서 성숙해졌으리라는 것도 의심할 여지가 없었다. 연약한 가운데서 주 앞에 학교건물을 달라고 뜨겁게 기도해온 지 딱 1년 만에, 내가 그들 앞에 나타난 것이다. 잘못 배달된 편지 한 통을 들고서.

나는 그제야 알아챘다. 이들과의 만남을 인도하신 이가 누구인지를. 이들과 대면해 서로의 꿈을 이야기할 수 있도록 자리를 마련해주신 것, 그것이 바로 그들의 뜨거운 기도에 응답해주신 하나님의 방법이었다. 내가 주위 사람들의 걱정과 비난, 의구심을 뒤로한 채 크리스천아카데미에 건물을 증축해왔던 진짜 이유가 무엇이었는지도 깨달았다. 모든 것이 톱니바퀴처럼 착착 맞아떨어졌다.

"하나님, 이 만남이었나요? 당신이 이 만남을 인도하셨나요? 당신의 뜻은 어떤 것인가요?"

그때 하나님은 내게 말씀하셨다. 믿음의 뿌리를 내리고 단단하게 다져가던 유나이티드 크리스천아카데미의 교사들과, 시설을 갖추고 진짜 아카데미를 꿈꾸던 내가 이미 같은 소망 안에 있던 동역자라는 사실을 말이다.

유나이티드 크리스천아카데미 직원들과 교사들은 나와 지속적인 만남을 가졌다. 그들과 나는 거울을 보듯 서로의 존재를 확인하고 행복한 기도를 시작할 수 있었다. 만남이 이어지고, 교제가 깊어지고, 기도가 뜨거워지는 동안 우리는 주님 안에서 한뜻을 품게 되었다.

하나님의 강권하심으로 크리스천아카데미에 시설들을 세울 때 나는 그 작업이 하나님의 뜻 가운데 이뤄지는 것이라는 점을 부인해본 적이 없다. 어쩌면 대책 없어 보이고, 때론 즉흥적인 결정으로 오해받을 수 있었지만, 기도 가운데 일궈온 장소들은 교실과 세미나실, 그리고 기숙사로 합이 맞춰졌다. 교육방식과 커리큘럼도 군더더기 없이 내게로 왔다. 이것은 의심할 이유도 없는 '행복한 인도하심'이었다. 처음부터 하나였던 둘이 결국 만난 것이다. 감사를 드리지 않을 수 없었다.

잘못 배달된 편지 한 통 덕분에 유나이티드 크리스천아카데미의 선생님들과 만난 나는, 직감적으로 그 만남을 하나님이 주선한 것이라는 사실을 알았다. 인생의 지혜가 나를 점점 그들에게 다가서게 했고, 결국 우리는 하나가 됐다.

내가 운영해온 뉴저지 크리스천아카데미와 유나이티드 크리스천아카데미는 합병해서 하나의 학교를 만들기로 결정했다. 지금의 '뉴저지 유나이티드 크리스천아카데미(New Jersey United Christian Academy, NJUCA)'는 그렇게 세상에 나왔다. 두 단체의 이름이 합쳐져 거부감 없이 탄생된 NJUCA는 전혀 모르던 두 사람이 우연히 만나 사귀고, 사랑하고, 결혼해서 자식을 낳은 것 같은 충만한 존재다.

만일 누군가가 내게 "이 학교가 당신의 자녀와 같이 소중한 존재입니까?"라고 묻는다면 언제나 "예스!"라고 대답할 것이다. 정말로 학교는 내 자식과 같다. 내가 떠나보냈지만 나에게로 다시 돌아온 귀한 자식.

　나는 새로운 단계로 나아갈 것을 용기 있게 결단했다. 남은 삶 동안 헌신할 것을 약속했다. 내 삶의 목표는 그렇게 정밀하게 수정되었다.

　2004년 9월, 나는 미국 사립 중·고등학교의 설립자가 되었다. 이사장으로 취임했다. 한국인이 미국 정부가 인가한 중·고등학교의 이사장이 되었다는 것은 결코 흔한 일이 아니었다. 사람들은 "한인 이민사에 새로운 역사를 썼다."며 의미를 부여했다. 그것이 나의 노력으로 이뤄진 것이라면 별 의미가 없을지도 모른다. 아마도 욕심에 불과했을 것이다. 어쩌면 그 타이틀은 군더더기처럼, 혹은 무거운 짐짝처럼 내 어깨를 짓눌러 또 다른 어딘가로 나를 내몰았을지도 모른다.

　하지만 그것은 분명 하나님이 주신 선물이었다. 그러기에 그날부터 지금까지 한 번도 학교를 시작한 것에 대해 후회하지 않았다. 나에게 꿈을 주신 이도 하나님이시요, 이루신 분도 하나님이시며, 돌봐주신 분도 하나님이시기 때문이다.

성공의 희생자가
되지 말라

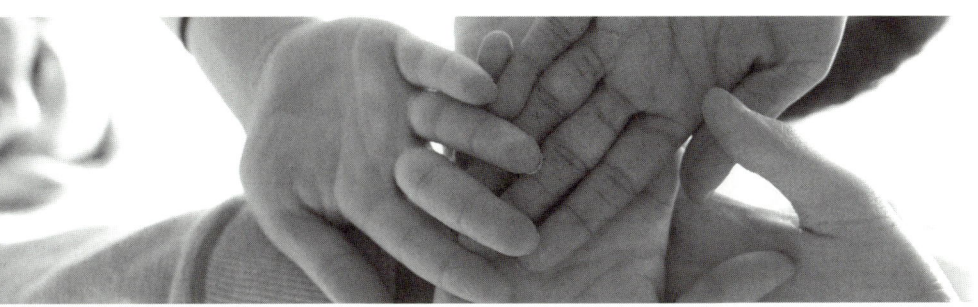

인간으로 태어난 이상 우리는 이 세상에 무언가 흔적을 남겨야 한다.

세속적인 성공으로는 그 흔적을 남길 수 없다.

성공 자체보다는 의미를 추구해야 한다.

나는 우리 아이들이 성공하기를 바란다.

특별히 주 안에서의 성공을 거두기를 기원한다.

그리고 성공에 자만해 결국 '성공의 희생자'가 되는

우를 범치 않기를 기도한다.

일곱 번째 이야기

2004년 9월 NJUCA는 '여호와를 경외하는 것이 지식의 근본'이라는 말씀 아래 성경적 진리에 근거한 튼튼한 학업 프로그램을 제공하는 정식 중·고등학교로 문을 열었다. 현재 전체 학생 수가 120명 정도로(한국에서 유학 온 학생들은 20명 정도다) 다른 고등학교에 비해 많지는 않지만, 크리스천 '특수', '소수', '정예' 교육을 통해 지성(IQ), 감성(EQ), 영성(SQ)을 두루 갖춘 장래의 크리스천 리더들을 길러낸다는 자부심이 있다. 올바른 신앙과 기독정신을 바탕으로 학문적 열정(Solid Academic), 성경적 진리(Biblical Truth), 크리스천 리더십

(Christian Leadership)을 강조하는 커리큘럼은 학생들에게 상당히 반응이 좋다.

정식 중·고등학교이니만큼 기본적으로는 미국 뉴저지 주의 요건을 만족하는 교과학습 커리큘럼을 제공하는데, 이는 대학 진학은 물론이고 의미 있는 삶에 반드시 필요한 사고력과 분석력을 키우도록 구성되었다.

개교 이래로 우리 학생들은 각종 평가고사를 통해 자신들의 실력을 점검하는데, 매년 치르는 '스탠퍼드 평가고사'는 연방 정부와 뉴저지 교육부가 정한 학력기준을 충족하고 있는지에 대한 여부를 테스트하는 시험이다. 또한 국제 크리스천 스쿨 연합인 ACSI 회원학교의 학생들을 대상으로 치르는 수학능력 평가고사에서 우리 학교는 매년, 특히 수학 부문에서, 미국 동부지구 최상위권에 랭크되는 쾌거를 올리고 있다.

2006년부터는 한국에서 온 유학생들이 입학하기 시작했다. 영어가 부족한 한국 학생들은 학교생활에 완전히 적응할 때까지 ESL 수업을 받고, 토요일에는 SAT(미국수학능력시험) 특강을 듣는다. 학교와 학생들의 노력 덕분에 짧은 역사에도 불구하고 지금까지 수많은 졸업생들이 명문 대학에 진학하기도 했다. 버지니아 대학, 뉴욕 대학, 로드아일랜드 디자인 스쿨, 워싱턴 대학, 펜실베이니아 주립대학, 텍사스 대학, 퍼듀 대학, 시라큐스 대학, 매사추세츠 약대, 뉴욕 주립대 약대, 서강대, 한동대 등에 입학했다.

　우리 학교의 특징이라면, 특화된 리더십 교육과 성경적 세계관을 다지는 영성 교육을 꼽고 싶다. 우리 학생들은 주 1회 리더십 클래스를 통해서 팀빌딩(team building), 대인관계, 퍼블릭 스피킹(public speaking, 연설), 비전 세우기, 전략적 계획 수립, 커뮤니케이션 스킬 개발 등을 배운다. 또한 '자치학생회'에서는 학생들 스스로 학교 내외의 행사들을 결정하고 진행한다. 각자 관심 분야에 대한 '패션그룹(passion group, 열정그룹)'에 참가해 리더십 클래스에서 배운 스킬들을 적용해보는 기회를 갖기도 한다.

　영성 교육 역시 중요하게 여기는 부분으로, 학교의 모든 학습 프로그램과 활동의 근간이 되기 때문에 우리 학생들은 채플과 헌신의 시간(devotion, 디보션), 성경공부, 기도모임 등을 통해 신앙적 성장의 기회를 갖는다.

　특히 나는 개교 초부터 지금까지 매주 월요일에 학생들과 함께 1대1 제자수업을 진행해왔다. 학교의 꿈과 비전, 교육철학을 공유하고, 아이들이 가진 내면의 갈등이나 문제들에 대해서도 함께 고민하는 시간이다.

그 외에도 매년 정기적으로 아이비리그 및 명문 대학을 탐방하는 캠퍼스 투어를 하고, 미션트립(mission trip)을 통해 선교활동에 직접 참가하기도 한다. 수련회와 미션트립을 다녀올 때마다 부쩍부쩍 자라 있는 아이들의 모습에 나조차도 깜짝 놀라곤 한다.

한번은 학생들의 학력증진에 관해 고심하다 한국식 교육에 대한 이야기를 은근슬쩍 꺼낸 적이 있다. 한국의 고등학교처럼 입시 위주의 학습방법과 커리큘럼을 도입해보는 건 어떨까 하고 말이다. 그러자 교사들이 정색했다.

"닥터 신, 아이비리그에 들어가는 것보다 중요한 것은 학생들이 제대로 된 기독정신과 신앙을 갖고 사회로 나가는 것입니다. 올바른 인성이 갖춰진 바탕 위에 지성이 가미되어야만 진정으로 사회에 기여하는 크리스천 일꾼이 된다는 것을 아시잖아요."

그렇다. NJUCA는 이런 곳이다. 10여 명의 훈련된 미국인 교사들이 성경을 비롯해 영어, 수학, 과학, 제2외국어, 역사 등을 가르치는 미국 정규 중·고등학교로, 교사와 학생들이 하나가 되어 아름다운 교육 공동체를 이뤄나가고 있다. 미국인 정교사들을 비롯한 모든 교직원들은 모두 독실한 신앙인으로 크리스천 교육에 대한 주관이 뚜렷하다.

우리 학교의 인재상을 잘 보여주는 인물을 한 명 소개하고자 한다. 학생들에게도 롤모델로 삼길 바라는 마음에 자주 이야기해주는 인물이다.

데이비드 부소David Bussau라는 호주인을 아는가.

1940년생이니 나와 동시대인이다. 뉴질랜드에서 태어난 그는 아홉 살 때 부모로부터 버려져 고아원에서 어린 시절을 보냈다. 출발은 다소 불행했지만, 그는 낳아주신 부모님 대신 하늘 아버지를 만났다. 주님을 만난 이후 그의 인생이 변했다. 하늘에서 자신을 보시는 하나님의 시선을 의식해 무엇이든 최선을 다하기 시작했다.

학벌도 고등학교 중퇴가 전부인 그에게는 천부적인 사업수완이 있었다. 17세에 핫도그 가게를 열어 크게 성공시킨 부소는 사업 밑천을 넉넉히 모아 호주로 건너갔고, 그 후에도 사업을 더 크게 확장시켜 승승장구하게 되었다. 결국 그는 35세에 이미 20여 개의 사업체를 거느린, 호주에서 제법 알아주는 백만장자가 됐다.

맨주먹으로 시작해 백만장자가 된 입지전적인 스토리의 주인공이 됐지만, 그는 늘 '인생에서 진정 중요한 것이 무엇인가?'라는 본질적인 질문에서 벗어날 수가 없었다. 또한 '성공은 왜 언제나 상대적일까? 왜 사람들은 충분히 가져도 만족하지 못하고, 항상 더 많이 가진 사람을 부러워할까?' 하는 의문도 들었다. "충분한 것은 언제나 '조금 더 많은 것'"이라고 갈파한 석유재벌 록펠러의 말은 분명 진실이었다.

점점 더 큰 부자가 되어감에도 불구하고 부소는 행복하지 않았다. 자유를 준다고 생각했던 재물이 오히려 사람을 포로로 만드는 것을 지켜보면서, 그는 다시 스스로에게 묻기 시작했다. '인생에는 지금 내가 하는 일보다 더 중요한 무언가가 분명히 있을 거야! 어떻게 하면 나 자신의 이익이 아니라 다른 사람들을 위해 나의 재능을 사용할 수 있을까?'

오랜 고민 끝에 그는 '인간은 태어나서 이 세상에 무언가 흔적을 남겨야 한다'는 결론을 내렸다. 그리고 그 흔적은 세속적인 성공으로는 남길 수 없다는 것도 알았다. 그래서 그는 성공 자체보다는 의미를 추구하기로 작정하고, 결코 '성공의 희생자'가 되지 않겠다고 결심했다.

1974년 겨울, 그는 자연재해로 폐허가 된 호주의 다윈 지역으로 구호활동을 하러갔다가 우연한 기회에 인생의 터닝포인트를 맞이한다. 소외되고 불쌍한 사람들을 돕는 일이야말로 돈을 버는 것보다 더 귀한 일이라는 사실을 알게 되었던 것이다.

결국 이듬해인 1975년, 가난한 이들의 존엄성을 위해 살기로 결심한 그는 사회적 기업가로 변신해 제2의 인생을 시작한다. '마라나타 트러스트Maranatha Trust'라는 신탁기금을 만들고, 가난한 사람들에게 '무담보, 무보증'으로 돈을 빌려주는 사업을 시작했다.

정말 가난한 사람에게는 마중물이 될 기초자금이 절실하지만, 정작 돈을 빌려주는 곳이 없었다. 담보가 없기 때문에 돈을 빌린다고 해도 고리채로 빌려 나중에 더 큰 어려움을 겪는 경우도 많았다.

부소는 이러한 사실에 착안했고, 담보도 보증도 없이 돈을 빌려주었다. 이런 소액대출 시스템은 당시로서는 상당히 획기적인 방식이었다. 덕분에 가난한 사람들은 부소에게 낮은 이율로 돈을 빌려 생계를 유지해나갈 사업들을 시작했고, 결국 자립하는 사람들이 부지기수로 늘어났다.

　하지만 부소는 어려운 사람이라고 해서 무조건 도와주지는 않았다. 스스로 일어나고자 하는 의지가 충만하고, 그렇게 할 만한 사람들에게만 자립에 꼭 필요한 돈을 빌려주었다. 그리고 그의 성공을 지켜보면서 옆에 있는 또 다른 누군가에게도 바이러스가 옮아가듯이 '성공의식'이 전염되길 기대했다. 그의 시도는 성공했고, 가난으로 좌절에 빠져 있던 많은 사람들이 마라나타 트러스트 덕분에 일어났다. 부소 한 사람이 혼자 300만 개의 일자리를 만든 것이다.

　요즘 한국은 물론 전 세계에서 활발히 이루어지고 있는 '마이크로 크레디트' 사업의 창시자가 바로 데이비드 부소다. 그가 시작한 '빈민을 위한 무담보 소액대출'은 세계로 뻗어나갔고, 전 세계 27개국에서 수백만 명의 빈민들이 새로운 삶의 기회를 얻었다. 2004년부터는 북한 주민들에게까지도 무담보 소액대출 활동을 벌이고 있다고 한다. 백만장자 부소는 이제 희망의 전도사가 되었고, 그가 남긴 흔적은 전 세계에서 지워지

:: 내가 정의하는 '크리스천'은 '다르게 사는 사람들'이다.

지 않고 있다.

　부소가 이렇듯 '위대한 삶'을 살게 된 것은, 평소에 '성공의 희생자'가 되지 않겠다고 결심했기 때문이다. 어쩌면 부소의 이런 결심 역시 그가 가진 탁월한 사업수완 덕분이었는지도 모르겠다. 인생에서 가장 수지맞는 일이 무엇인지 누구보다 잘 알았으니 말이다.

　데이비드 부소야말로 우리 학생들의 롤모델이 될 만한 인물이다. 그에게는 든든한 배경도 없고 좋은 환경은 더더욱 없었다. 세상으로부터 받은 게 없으니 되돌려줄 것도 없었을 텐데,

그런 그가 아무것도 없는 맨바닥에서 이 모든 역경을 극복하고 사업가로 성장하기까지 얼마나 지난한 노력이 있었겠는가?

하지만 그는 '자수성가'라든가 '개인의 영달'에서 그치지 않았다. 좀 더 의미 있는 인생을 갈구했고, 자신이 가진 것으로 사람들을 도우려 했다. 남들의 딱한 사정을 자기 일처럼 공감할 수 있게 해준 그 자신의 '어려웠던 과거'는, 천부적인 비즈니스 재능과 결합되어 가난한 사람들을 돕는 일에 귀하게 사용되었다.

누군가가 자신이 이 땅에 던져진 의미를 깨닫고 분연히 떨쳐 일어날 때, 그는 스스로 빛을 발한다. 빛을 비추는 삶, 데이비드 부소는 그렇게 스스로의 삶을 특별하게 만들었다.

일어나서 빛을 비추어라.
구원의 빛이 너에게 비치었으며,
주님의 영광이 아침 해처럼 너의 위에 떠올랐다.
— 이사야서 60장 1절

간혹 뉴스에 잘 나가는 일류 기업의 사장이나 연구소장 같은 인재들이 자살했다는 우울한 소식이 나온다. 대부분 초고속 승진을 거듭하고, 연봉도 10억이 넘는 사람들이다. 세상의 관점에서 누구나 부러워할 만한 성공을 거뒀음에도 불구하고 그들이 자살을 선택한 데는, 아마도 일일이 설명할 수 없는 말 못할 이유가 있었을 것이다. 어떤 면에서 그들은 '성공의 희생자'라고 할 수 있다.

나는 우리 아이들이 성공하기를 바란다. 특별히 주 안에서 성공을 거두기를 기원한다. 그러나 성공에 자만해 결국 '성공의 희생자'가 되는 우를 범치 않기를 기도한다. 혹자는 "아니, 아직 성공도 하지 않았는데 무슨 성공의 희생을 운운하느냐?"고 따질 것이다. "일단, 성공부터 하도록 도와줘야 하는 것이 아니냐?"고 물을 수도 있다. 그러나 어린 시절부터 성공의 희생자가 되지 않겠다는 결심을 해두어야만, 정작 그 상황이 되었을 때 흔들림 없이 결심을 실행할 수 있다.

2011년 1월 초 한국에서는 전문계 고등학교 출신으로 카이스트에 입학한 열아홉 살의 조 모 학생이 스스로 목숨을 끊었다. 그 학생은 초등학교 2학년 때부터 로봇 경진대회에 60여 차례나 참가한, 일명 '로봇박사'였다. 2010년 입학사정관 전형을 통해서 카이스트에 입학해 부산 지역에서는 유명인사가 됐다. 그는 평소 "이를 악물고 했지만, 수업을 따라가기 힘들었다."고 토로했다고 한다. 영어로 수업하는 미적분학 수업에서 F학점을 받았다. 결국 이 전도양양한 '로봇박사'는 스무 살이 채 되기도 전에 이 땅을 떠났다. 그 학생의 아버지는 "그 정도로 힘든 줄은 몰랐다. (카이스트에 입학한 것이) 무리였던 것 같다."고 후회했다고 한다. 주지하다시피 이후 카이스트에서는 학생 자살 사건이 몇 건 더 발생했다.

세상에서 좋은 것이 꼭 좋은 것은 아니다. 누구나 가길 원하는 카이스트. 그는 전문계 고교 출신이라는 핸디캡을 극복하고 그곳에 들어갔다. 수많은 사람들이 '부럽다'며 찬사를 보냈지만 정작 자신은 전혀 행복하지 않았을 것이다. 맞지 않은 옷을 입었기 때문이다.

그에게 가슴 뛰는 일, 살아 있음을 느끼게 해주는 짜릿한 일은 '로봇 만들기'였을 것이다. 만약 그가 학위나 평판에 상관없이 로봇 만들기에만 전념했더라면 어땠을까? 카이스트나 하버드대를 나오지 않았더라도 인생이라는 영화의 멋진 주인공이 되었을 것이다. 빌 게이츠나 마크 저커버그(Mark Zuckerberg, 페이스북 창시자) 정도는 예고편으로 가볍게 밀어내고 말이다. 맞지 않은 옷은 당장 벗어야 한다. 그래야 행복하다. 하지만 사람들은 이렇게 말할 것이다.

"조금만 참아. 참다 보면 길이 보일 거야. 지금 잘 가고 있어."

하지만 언제까지 잘 갈 수 있을까?

앞에서도 강조했지만, 내가 정의하는 크리스천은 '다르게 사는 사람들'이다. 세상의 가치가 아닌 하늘의 가치를 믿고 사는 사람들은 다르게 살 수밖에 없다. 사람들로부터 이런 질문을 받을 수밖에 없다.

"어떻게 그렇게 살 수 있어요? 그 비결이 뭐죠?"

그때 그 비결을 자신 있게 말해야 한다.

"비결이요? 간단해요. 하나님을 알고, 그분을 사랑하면 됩니다. 그러면 나의 욕심이 아니라 사랑하는 그분의 욕심을 이뤄드리는 데 최선을 다할 수밖에 없지요."

만일 그 조 모 학생의 영성지수가 높았더라면, 카이스트에서 좌절하더라도, 혹은 미적분학에서 F학점을 받았더라도 결코 생을 포기하지는 않았을 것이다. 하나님이 자신의 미래요, 안전판이라는 사실을 깨달았더라면, 삶을 그렇게 쉽게 버리지는 못했을 것이다.

나는 우리 아이들이 데이비드 부소처럼 '인생에서 진정 중요한 것'을 찾고, 자신의 욕심이 아니라 하나님의 욕심을 이뤄드리는 데 최선을 다하는 삶을 살기를 바란다.

'성공의 희생자'가 되지 말아야 한다면, 과연 우리는 무엇에서 성공해야 하는가? 그것은 "인생에서 가장 중요한 것이 무엇일까?"와 같은 질문이다. 아침 이슬 같은 싱싱한 학생들이 평생 간직해야 할 절대 명제는 무엇일까?

그것은 바로 거룩이다!

거룩은 어떤 경우에도 결코 포기할 수 없는 가치다. 어린 시절부터 이 땅을 떠날 때까지 추구해야 할 가치가 바로 거룩이다. 크리스천아카데미의 첫 번째 가치도 거룩함이다. 우리에게 성공은 바로 거룩함으로 무장된 학생들을 키워, 거룩하지 못한 이 땅으로 내보내는 것이다. 그래서 거룩의 물꼬를 트는 사람이 되게 하는 것이다.

내가 좋아하는 성경 말씀 가운데 하나가 고린도전서 6장 9~11절의 말씀이다.

불의한 사람들은 하나님 나라를 상속받지 못하리라는

것을 알지 못합니까?

착각하지 마십시오. 음행을 하는 사람들이나,

우상을 숭배하는 사람들이나,

간음을 하는 사람들이나, 여성 노릇을 하는 사람들이나,

동성애를 하는 사람들이나, 도둑질하는 사람들이나,

탐욕을 부리는 사람들이나, 술 취하는 사람들이나,

남을 중상하는 사람들이나, 남의 것을 약탈하는 사람들은,

하나님 나라를 상속받지 못할 것입니다.

여러분 가운데 이런 사람들이 더러 있었습니다.

그러나 여러분은 주 예수 그리스도의 이름과

우리 하나님의 성령으로

씻겨지고, 거룩하게 되고, 의롭게 되었습니다.

— 고린도전서 6장 9~11절

이 땅 너머에 또 다른 세상이 있다고 확신하며 사는 한, 우리에게 가장 중요한 것은 오직 하나다. 그것은 저 땅에 도달했을 때, '우리를 심판하시는 분에게 어떻게 보일 것인가'다. 즉

마지막 심판에서 견딜 수 있는지 여부다.

세상 교육뿐 아니라 기독교 교육에서도 영성을 도외시하는 경우도 있다. 현실 속에서 영성을 강조하는 것은 단순하고 무식하게 여겨지기도 한다. 그런데 생각해보자. 매주 교회에 가고, 하나님께 기도하는 사람들이라면 그 마음속에 '또 다른 세상'이 있으리라는 확신이 있지 않겠는가. 그런 확신이 없다면 도대체 어떻게 교회에 가며 기도할 수 있겠는가.

그렇다면 기독교 교육에서 영성을 강조하며 커리큘럼에 영성적인 내용을 넣는 것은 너무나 당연한 일이다. 피교육자에게 가장 중요한 것을 알려주는 것이 교육의 임무다. 그 중요한 것을 얻기 위한 방법, 중요한 곳에 도달하기 위한 방법을 알려주어야 한다.

영성적 관점에서 이 땅에 살면서 추구해야 할 가장 중요한 명제가 바로 '거룩'이다. 칼 바르트Karl Barth와 같은 신학자를 비롯해 오스왈드 챔버스나 댈러스 윌라드Dallas Willard, J. C. 라일John Charles Ryle, 제임스 패커James Packer 등 기독 지성들의 책을 읽어보라. 모든 신학자들과 기독 지성들의 견해는 조금씩 다르다. 그러나 이들이 공통적으로 강조하는 한 가지가 있다. 그것은 바로 거룩해야 한다는 것이다. 거룩을 추구하라는 것이다.

영국의 신학자이자 세계적인 기독 변증가인 제임스 패커는 "지금 우리에게 정의보다 더 중요한 것은 거룩이다."라고 강조한다. 그는 "거룩함이 없으면 아무도 주님을 볼 수 없다."고 단언한다. 패커는 "거룩함은 영성과 도덕성이란 두 개의 기둥에 놓인 아치와 같아서 두 기둥 중 어느 하나가 가라앉으면 반드시 전체가 무너지게 되어 있다."고 경고한다.

인생을 살다 보면 늘 승리의 길만 갈 수는 없다. 낙망과 비탄의 연속일 때도 있다. 아무리 공부를 잘하고 좋은 대학에 들어간다 해도 행복이 보장되는 것은 아니다. 성공과 행복은 지극히 상대적이다. 내가 도달하려고 분투하고 노력하는 그 자리에 먼저 도달한 사람이 어느 순간 홀연히 그 자리를 떠나는 것을 생각해보라. 허망하지 않은가.

그러나 거룩함으로 덧입는 사람은 어떤 상황에서도 세상에 영향을 미치며 존경을 받는다. 무엇보다도 하나님이 거룩한 사람들을 보고 기뻐하신다. 성경에서도 찾아볼 수 있다.

내가 거룩하니, 너희도 거룩하게 되어야 한다.

— 레위기 11장 45절

내가 거룩하니 너희도 거룩하여라

— 베드로전서 1장 16절

하나님의 뜻은 여러분이 성결하게 되는 것입니다.

여러분은 음행을 멀리하여야 합니다.

— 데살로니가전서 4장 3절

누구든지 하나님의 성전을 파괴하면,

하나님께서도 그 사람을 멸하실 것입니다.

하나님의 성전은 거룩합니다.

여러분은 하나님의 성전입니다.

— 고린도전서 3장 17절

너희를 거룩하게 하는 나 주가 거룩하기 때문이다.

— 레위기 21장 8절

교회에서는 "우리 삶이 후패하더라도, 고난과 박해로 점철되더라도, 기도가 전혀 응답받지 못하더라도, 우리에게 찾아오신 예수님만으로 만족하자."고 말한다. 그런데 그게 어디 쉬운 일인가. 어떻게 이 세상에서 예수 그리스도만으로 만족하며 살 수 있겠는가. 답은 하나다. 거룩을 회복하면 된다. 오직 거룩을 회복할 때 우리는 만족한 삶을 살 수 있다.

그렇다면 거룩은 무엇인가.

'거룩의 복음주의자'로 불리는 영국의 라일 주교는 '거룩함이란 습관적으로 하나님과 한마음을 갖는 것'이라고 정의했다. 거룩한 삶은 하나님의 판단에 동의하고, 그분이 미워하시는 것을 미워하며, 사랑하시는 것을 사랑하며, 이 세상의 모든 일을 성경의 기준에 따라 판단하고 행동하며 사는 것이다.

《주님은 나의 최고봉》의 저자 오스왈드 챔버스는 신자들이 거룩을 너무나 가볍게 여기고 있다며 참된 거룩을 위해서는 대가를 치러야 한다고 말했다. 그는 거룩을 위해 치러야 할 대가는 '이 땅에서의 관심을 지극히 줄이고 하나님을 향한 관심을 무한히 넓히는 것'이라고 강조했다.

여기에 기독교 교육의 핵심이 있다. '이 땅에서의 관심을 줄이고 하나님을 향한 관심을 확장하는 것'이야말로 믿음의 사람들이 추구해야 할 절대적인 실천강령이 아닌가. 그러나 알다시피 현실은 정반대로 가고 있다. 양심적인 크리스천이라 해도 세상일에 관심이 많다. 그렇다면 어떻게 해야 하나님을 향한 관심을 확장하고 세상일에 관한 관심을 줄일 수 있을까?

챔버스에 따르면, 거룩에는 조건이 있다. 거룩을 이루는 과정에는 언제나 고귀한 싸움이 있는데, 내면에서 벌어지는 그 싸움은 항상 예수 그리스도의 요구에 대항하는 어떤 세력과 싸우는 것이다. 결국 거룩이란, 예수 그리스도와 하나가 되는 것이다. 그래서 예수님의 속성이 우리의 속성이 되게 하는 것이다. 이를 위해서는 대가를 치러야 한다. 반드시.

나는 이 땅의 학생들이 대가를 치르는 삶을 살기 바란다. 어린 시절부터 인간 본연의 성향들을 거부하고 예수 그리스도의 DNA를 몸 안에 집어넣기를 소망한다. 그래야 거룩한 삶을 살 수 있다. 그것을 위해서라면 어떤 대가라도 치러야 한다. 거룩함은 결코 포기할 수 없는 명제이기 때문이다.

NJUCA는 거룩해지기 위해 존재한다. 거룩한 크리스천 리더를 길러내기 위해 오늘도 힘써 노력하고 있다. 우리의 성공은 거룩함이다.

위대한 스승,
자연에서 배우라

자연 속에서 일어난 모든 것들을 관심을 갖고 바라봐야 한다.

그래야 그것이 무엇인지 안다. 무엇인지 알아야 이해할 수 있다.

이해가 되어야 내 것이 된다. 내 것이 될 때 그것은 인격이 된다.

인격이 될 때 관계가 맺어진다. 관계가 맺어지면 생각이 변한다.

생각을 정리하는 것이 우리네 삶이다.

결국 공부란 생각을 키워주고, 생각이 일어나게 해주는 것이다.

여덟 번째 이야기

NJUCA가 이 세상 어떤 학교와 비교해도 뒤지지 않는 최대의 장점은 바로 자연 속에 있다는 것이다. 학교 안팎에 푸름이 넘친다. 불어오는 산들바람을 맞으며 교정을 거닐 때 나는 행복하다. 우리 학교를 졸업한 뒤에 대도시의 대학교에 입학한 아이들이 내게 와서 하는 말이, 자연 속에서 고등학교를 다닐 수 있었던 것이 정말 큰 축복이었다는 것이다.

그렇다. 자연은 위대한 스승이다. 위대한 스승인 자연을 아끼고, 배려하며 생각하는 사람이 되어야 한다. 사실 인간은 자연에서 모든 것을 배울 수 있다.

18세기 프랑스의 계몽주의 사상가이자 작가인 장 자크 루소는 "자연으로 돌아가라."고 외쳤다. 그는 "자연 속에서 인간의 본래적인 것을 마음껏 생각하고, 깊이 자기 속에 파묻혀 들어가라. 그리하여 자기 속에서 되살아나와 참다운 사람이 되어라."라고 말했다.

또한 루소는 인간이 본래 자연 속에서는 자유롭고 선량한 존재였지만, 자신들의 손으로 만든 사회제도와 문화에 의해 오히려 부자연스럽고 불행해졌다고 지적했다. 그럼으로써 인간은 사악한 존재가 되었다고 질타한 루소는 "가장 좋은 교육이란 자연 속에서 성장하도록 그냥 놔두는 것"이라고 강조했다.

그렇다. 세계적인 도시인 뉴욕 인근에 있는 NJUCA는 문명 속에서 자연적인 삶이 가능한 공간이다. 내가 처음 황무지와 같았던 땅을 구입하고 거기에 학교를 만든 것은 자연을 보았기 때문이다. 자연을 읽었기 때문이다. 문명의 한계를 깨달았고, 자연이야말로 위대한 스승임을 절감했기 때문이다. NJUCA는 자연과 인간, 하나님을 느끼는 귀중한 터전이다. 우리 학교에 와본 사람들은 하나같이 자연의 소리를 듣고, 그동안 발견하지 못했던 또 다른 자연, 즉 인간을 찾는다. 그리고 하나님의 조용한 음성에 귀 기울이게 된다.

내게 자연은 언제나 신비하고 위대하다.

앞에서도 말했듯이 우리 집에서 학교까지는 자동차로 2시간 남짓 걸린다. 남들은 매일 그 긴 시간을 어떻게 달릴 수 있느냐고 말한다. 요즘은 "이제 나이를 생각하시죠!"라는 걱정도 듣는다. 그러나 매일 자동차로 그 길을 달리는 시간이 내겐 너무나도 행복한 순간이다. 그 시간은 내가 자연으로 돌아가는 순간이기 때문이다. 길에서 자연과 조우하기 때문이다.

길을 달리면서, 그리고 숲으로 우거진 교정을 거닐면서 봄, 여름, 가을, 겨울을 만난다. 세월의 빠름과 정확성을 느낀다. 봄이 가면 어김없이 여름이 온다. 햇빛이 작열하는 여름이 왔다가도 이내 청명한 가을이 다가온다. 온 대지가 얼어붙는 겨울 역시 결코 나를 비켜가지 않는다. 계절의 신비를 느끼지 않을 수 없다. 계절이 바뀔 때마다 물소리와 새소리, 심지어는 사람들 소리도 달라진다. 바람도 햇살도 변한다.

산은 언제나 그 자리에 있지만 그 모습은 늘 다르다. 나무 역시 언제나 그 자리에 있지만 바람의 방향, 햇살의 강약, 내 마음의 상태에 따라 달리 보인다. 늘 새롭고, 늘 완성된 것이 바로 나무라는 생각이 든다. 한 그루의 나무에도 온 세상이, 온 우주가 있다. 나무는 결코 홀로 설 수 없다. 씨앗 하나가 싹을 틔우고 커다란 떡갈나무가 되는 데는 수많은 도움과 상호작용이 있어야 한다. 그 나무 안에는 바람과 구름, 비와 눈이 다 들어 있다. 자연끼리 사랑을 주고받지 않으면 한 그루의 나무는 온전히 설 수 없다. 위대한 사랑이다.

매일 나는 차창 밖에서 들어오는 바람을 느낀다. 바람은 언제나 다르다. 바람은 차별하지 않는다. 삼라만상 모두에게 다가간다. 눈이 내리면 온 산과 길의 색깔이 희게 변한다. 비가 오면 촉촉함이 대지에 퍼진다. 비가 내릴 때 먼 산을 지그시 바라보라. 눈발이 날릴 때 강가를 쳐다보라. 비가 산을 그리고, 눈이 강을 그린다. 놀랍지 않은가. 아침에 햇살이 들면 산은 커져온다. 모든 사물이 살아난다. 그러다 날이 어둑해지면 다시 산은 가라앉고, 모든 것은 제자리로 간다.

크리스천아카데미 주위는 온통 자연으로 가득하다. 각종 풀들이, 꽃들이 자란다. 봄이 되면 토끼풀과 이름 모를 꽃들이 희한하게 자라난다. 나는 가끔 맨발로 풀밭 속으로 걸어 들어간다. 풀 속으로 발가락이 들어갈 때면 서늘하면서도 시원한 감촉이 있다. 나는 그 느낌이 참 좋다. 그럴 때면 이런 생각이 든다.

'아, 지금 우리 아이들이 이 느낌을 알까?'

자연은 모든 것을 받아준다. 길을 달리면서, 걸으면서 나는 자연의 위대함을 발견한다. 그것은 어디서도 찾을 수 없는 희열을 준다. 자연은 우리의 삶과 정신적인 힘의 줄기라고 할 수 있다.

과거에 사람들은 자연 속에서 더불어 살았다. 자연 공동체를 이뤘다. 공동체란 무엇인가? 함께 먹고, 더불어 일하고, 같이 노는 사회가 바로 공동체다. 과거에는 자연 속 공동체가 살아 있었다. 그 속에서 문화가 일어났다.

나와 연배가 비슷한 사람들은 과거에 강물 소리를 들을 줄 알았다. 집에서 학교까지 먼 거리를 걸어 다닐 때, 강가를 거닐면서 강물에 달과 별이 뜨고, 비가 오고 눈이 내리는 것을 보았다. 강가를 걸을 때 강은 곧 나였다. 내 마음과 강물의 마음이 동일했다. 내 마음이 맑고 선량하면 강물도 맑게 보였다. 지금껏 나를 지탱해준 한 가지가 바로 자연에 대한 노스탤지어다.

현대인들은 자연을 생각하지 않는다. 위대한 스승을 배려하지 않는다. 자연의 생태와 순환을 무시하는 환경파괴가 도처에서 자행되고 있다. 너무나 많은 사람들이 함부로 자연을 대한다. 무서운 일이다. 비극이다.

사람들은 아름다움을 찾는다. 아름다운 마음의 소유자가 되라고 말한다. 하지만 자연을 무시하고 외면하면서 어떻게 아름다움을 찾을 수 있을까? 어떻게 아름다운 마음의 소유자가 될 수 있을까?

자연을 보는 마음야말로 아름다운 마음이다. 아름다운 마음을 갖기 위해서는 자연을 보고 읽어야 한다. 자연을 보는 마음이 아름다운 마음이기에 반드시 자연을 보아야 한다. 그 자연의 소리를 듣고 읽어내야 한다. 자연을 읽다 보면, 보이는 모습만이 자연이 아니라는 사실을 깨닫게 된다. '사람이 곧 자연'이라는 진리를 재확인하게 된다. 자연을 소중하게 생각하는 사람은 자연히 사람을 귀하게 여긴다. 자연과 사람과 함께 살고, 먹고, 논다. 공동체의 일원인 자신을 생각한다.

어린 시절을 생각해보면 우리는 늘 자연 속에서 놀고 지냈다. 아침부터 저녁까지 손에 흙을 묻히며 놀았다. 교육학을 공부하고 학교를 운영하면서 나는 노는 것이 공부였다는 사실을 새삼 깨닫는다. 놀기 위해서는 상대가 있어야 한다. 그 상대와 놀기 위해서는 상대를 인정해야 한다. 그렇지 않으면 혼자 놀 수밖에 없다. 혼자 노는 것은 재미가 없다. 놀면서 우리는 상대를 인정했다.

그런데 지금은 어떠한가. 요즘 아이들은 놀지 못한다. 무엇보다도 부모들이 자녀가 노는 꼴을 못 본다. 요즘 아이들은 자연과 벗과 더불어 놀지 못하고 대신 책과 논다. 책과 노는 것도 좋다. 고금의 위대한 스승들로부터 배울 수 있기 때문이다.

그러나 책도 책 나름이다. 요즘 아이들은 오직 좋은 대학에 가기 위해서, 좋은 스펙을 쌓기 위해서 기능적으로 책을 대한다. 시험에 나오는 문제의 정답을 찾기 위해서만 책을 읽는다. 그러니 지식이 인격과 결코 연결되지 않는 것은 당연하다.

인격은 상대와 놀 때 드러난다. 놀다 보면 서로 싸우기도 하고, 웃고 울기도 한다. 인격이 놀이 속에 개입되는 것이다. 인격과 인격이 만나면서 더불어 사는 것의 귀함을 알게 된다. 이웃과의 상호작용 안에서 지식은 인격이 된다. 그러나 지금 우리 아이들이 하고 있는 공부에는 인격이 개입될 여지가 없다.

그리고 놀다 보면 자신이 가장 좋아하는 것이 무엇인지를 알게 된다. 학창 시절, 청춘의 시기에 가장 중요한 것은 자기가 좋아하는 것을 찾는 것이다.

교육이란 무엇인가? 학생들로 하여금 좋아하는 것을 찾게 해주는 것이다. 좋아하는 것이 무엇인지를 아는 학생들은 결국 성공한다. 물론 시기의 차이는 있다. 남들이 보기에 늦은 시기에 성공하는 사람들도 있다. 그들은 뒤늦게 자신이 좋아하는 것을 찾은 사람들이다. 모든 사람들이 공유하는 인생의 표준 시간표에서 조금 늦거나 빠를 수 있다. 그러나 좋아하는 것을 찾은 사람들은 자신만의 인생 시간표를 놓고 봤을 때 결코 실패하지 않는다.

자신이 좋아하는 것을 찾은 사람은 반드시 성공한다. 무언가를 좋아하면 열심히 하게 된다. 열심히 하다 보면 그 일을 잘하게 된다. 자신이 잘하는 것을 평생 하면서 사는 사람이 행복하다. 성공이란 자기가 하고 싶은 일을 하면서 평생 즐겁고 보람 있게 사는 것 아닌가. 이런 사람들은 그 일이 아무리 보잘것없어 보이더라도 반드시 사회에 선한 기여를 한다.

자연을 바라보며 자연을 읽어내는 사람들은 인생을 길게 바라본다. 아등바등하지 않는다. 자연을 보면서 세상이 모두 배움의 터전이며 자연 속에서 살아내는 일체가 공부라는 것을 깨닫게 된다. 진정한 공부는 우리가 사는 세상을 자세히 바라보는 것이다.

자연 속에서 일어난 모든 것들을 관심을 갖고 바라봐야 한다. 그래야 그것이 무엇인지를 안다. 무엇인지 알아야 이해할 수 있다. 이해가 되어야 내 것이 된다. 내 것이 될 때 그것은 인격이 된다. 인격이 될 때 관계가 맺어진다. 관계가 맺어지면 생각이 변한다. 생각을 정리하는 것이 우리네 삶이다. 공부란 결국 생각을 키워주고, 생각이 일어나게 해주는 것이다.

이런 일련의 과정들은 제도화된, 조직화된, 혹은 물질적으로 계량화된 곳에서는 도저히 일어나지 않는다. 자연 속에서 일어난다. 자연을 가까이 할 때라야 발견할 수 있다. 자연으로 돌아가서 자연을 읽어내는 것이 중요한 이유가 여기에 있다.

장 자크 루소와 같은 심정으로 나는 우리 학생들에게 늘 당부한다. 부디 자연을 바라보라고, 자연을 읽고 자연과 대화하라고. 봄날의 햇살을 즐겨라. 장하게 내리는 여름의 장대비도 맞아보라. 가을의 코스모스와 고독을 이야기하라. 반드시 눈 덮인 겨울 산을 올라보라. 그러면 '또 다른 멋진 자연'인 '사 람'이 보인다. 그 사람과 더불어 잘 살 수 있는 방법을 생각해 보면 행복한 삶을 살게 된다.

세 번째
아빠

사랑은 치러내는 것이다. 피를 흘리는 것이다.

그 아이들과 함께 치러내고 그 아이들을 위해서

피를 흘리는 것이 사랑이었다.

나는 우리 아이들이 좋은 성적을 받는 것보다, 밥은 잘 먹는지,

아픈 데는 없는지, 소소한 행복을 느끼는지에 대해서 더 걱정한다.

나는 세 번째 아버지다. 그것으로 족하다.

아홉 번째 이야기

　　오후 5시, 하루의 수고가 끝났음을 알리는 알람이 울린다. 학교 종소리도 아니고, 손목시계에서 울리는 것도 아니다. 그 알람은 학교 진입 중앙통로로 이어지는 돌길, 풀숲 사이에서 들리는 새소리다. 풀벌레 소리다.

　　자동차 소리나 컴퓨터 키보드 소리와 같이 사람이 만들어낸 기계소음에 시달리다 잠시 조용한 시골을 찾은 사람들은 자연의 소리에 더욱 민감해진다. 특히 일몰 한두 시간 전에는 쉴 곳을 찾아 한자리에 모이는 새와 곤충들이 유난히도 큰 소리로 울기 시작한다. 나의 귀엔 그 소리가 "해가 지고 있으니 일을 접으라."는 친절한 알람처럼 들린다. 새소리가 커지고 풀벌레의 합창이 시작되면, 나는 하루의 일을 마무리하며 습관적으로 내 사무실이 있는 건물로 향한다.

걸음은 빠르지 않다. 내가 느려서가 아니다. 보이는 곳마다 내가 해야 할 일들이 그득하기 때문이다. 각종 잡동사니들을 치우고, 마주치는 교직원들에게 잔소리를 하고, 운동하는 아이들에게 안부를 건넨다. 그렇게 하루 끝 공기를 느끼며 터벅터벅 걸어가는 것이다.

어느 날 오후, 평소와 다르지 않게 새소리를 들으며 건물로 들어서던 나는 주차장에 세워진 내 자동차에 가득히 칠해진 낙서를 보게 되었다. 자동차를 화려하게 수놓은 어설픈 글씨들 사이에 뚜렷하게 '세 번째 아빠, 사랑해요!'라는 글자들이 보였다.

그제야 기억이 났다. 졸업을 앞둔 시니어senior 학생들이 작은 장난을 치는 것이 허락되는 날이었다. 매년 치러지는 연례행사로, 이 날에는 자동차가 더러워질 것을 각오해야 한다. 늘 있던 행사지만 자동차를 뒤덮은 낙서들을 보다 보면 흠칫 놀라게 된다. 사실 이런 낙서는 일종의 깜찍한 테러행위와 같다.

:: 졸업을 앞둔 아이들이 내 차에 한바탕 낙서를 해놓았다. 이런 테러는 솔직히 기쁘다.

'세 번째 아빠, 사랑해요!' 같은 테러는 얼마든지 당해도 좋다. 솔직히 기쁘다.

엉망이 된 자동차를 보며 내가 "아이고, 주여…." 하고 탄성을 내지르면, 숨어서 기다리던 아이들(대부분 여자애들이다)이 "아빠!" 하면서 뛰어나와 깔깔대고 웃으며 내 양팔에 팔짱을 낀다. 세상에 나간 '내 새끼'들이 잠시 돌아온 것이다.

정확한 시점을 기억할 수는 없지만, 아이들은 언젠가부터 나를 '세 번째 아빠'라고 불렀다. 처음엔 농담처럼 시작되었지만

"허허." 하며 미소 짓는 내 모습이 좋아 보였는지, 아이들이 그냥 듣기 좋으라고 불러주는 이름인 것 같다.

어쨌거나 내가 세 번째 아빠가 된 이유가 있다. 첫 번째 아버지는 하나님 아버지이시다. 두 번째 아버지는 낳아주신 아버지다. 나는 늘 "두 아버지를 기억하라."고 말한다. 워낙 그 이야기를 자주 해주다 보니 그것이 잔소리처럼 들렸나 보다.

그런데 고향을 떠나 미국에서 함께 생활하는 한국 아이들에게, 주구장창 잔소리를 해대는 내가 어느새 저절로 세 번째 아버지가 되었다. 아이들이 나를 그렇게 부를 때마다 "그래, 맞다. 맞아. 내가 너희들의 아빠가 되어줄게."라고 장단을 맞춰주었더니 이제는 모두 다 나를 '세 번째 아빠'라고 부른다.

해는 뉘엿뉘엿 저 들판 위로 넘어간다. 새들은 지저귄다. 바람은 산들산들 불어온다. 거기에 아이들이 있다. 그 아이들은 나를 "아빠!"라고 부른다. 저녁이 되면 새들도 집으로 돌아오듯, 세상에 나간 아이들이 아빠를 만나러 크리스천아카데미로 온다. 미국 전역에 흩어진 아이들이다. 일부는 한국으로 돌아갔다. 그들이 아버지에게 온다. 아버지에게 가는 길, 그 여정 가운데 그들은 무엇을 생각했을까. 크리스천아카데미에서 함께 지냈던 순간들을 떠올렸을 것이다. 그리운 순간들을 호명呼名했을 것이다.

NJUCA에서 우리는 아이들에게 무엇을 주는가. 그것은 추억이다. 소중한 시간이다. 우리는 아이들에게 평생 간직할 추억을 준다. NJUCA는 그들의 고향이다. 다시 돌아와 마음을 기댈 수 있는 곳이다. 문제가 생길 때마다, 외로울 때마다, 세파에 시달리고 유혹에 흔들릴 때마다 아이들은 이곳에서 보낸 보석 같은 순간들을 그리워할 것이다.

거기에는 세 번째 아빠가 있다. 형제가 있고 친구가 있다. NJUCA에서 아이들에게 주는 것은 공부만이 아니다. 추억이다. 그리움이다. 그리움이 그들을 밀고 간다.

한번은 졸업생들이 학교에 찾아왔다. 선생님들의 입에서 "아이고, 저 꼴통들!" 소리가 절로 나왔던 '문제아'들이었다. 처음에는 NJUCA에 소위 '꼴통'들도 입학했다. 물론 입학생 선발 기준은 심성이 바르고 믿음이 있는가 하는 것이다. 그러나 부모가 간절히 기도하고 있다면, 아이가 NJUCA에서 공부할 기회를 갖기를 진심으로 원한다면, 우리 교직원들은 함께 기도하며 입학을 허가해주는 경우가 있다. 물론 이 과정에선 모든 사람의 의견이 일치해야 한다. 세상은 비록 그 아이들에게 '문제아'라는 꼬리표를 붙였지만, 우리는 숨은 가능성을 찾아주려 노력한다.

사실 이런 아이들이 들어오면 교직원들, 특히 돔 페어런츠 (Dorm Parents, 우리는 '기숙사 사감 선생님'이라고 하지 않고 '페어런츠', 즉 '부모'라고 부른다)들은 마음을 굳게 먹어야 한다. 그들을 품에 안고 가기 위해서는 기도와 인내가 필요하기 때문이다.

한국에서 건너와 미국 고등학교에 다닌다는 것은, 아직 미완성인 아이들에게 엄청난 스트레스일 수밖에 없다. 변화에 적응하는 일 역시 결코 쉽지 않다. 자라온 환경이 전혀 다른 친구들과 가족이 되어 사는 공간에 소위 '문제아'들이 들어오는 것은 잠재적 시한폭탄을 안고 사는 것과 같다.

이렇게 찾아온 네 아이들도 그런 아이들이었다. 그러나 돌이켜 생각해보면 그 아이들이 눈에 띄게 큰 문제를 일으킨 적도 없었다. 하지만 반항심으로 가득 찬 그 아이들은 나와 돔 페어런츠들의 가장 절박한 기도제목이었다. 다른 선생님들과도 그 아이들의 문제를 놓고 여러 번 논의하고 함께 기도했다.

크리스천아카데미에서는 1주일에 한 번씩 돔 페어런츠들과 교과 선생님들이 정기회의를 갖는다. 특히 이 회의에서는 한국 아이들의 수업태도, 영어실력, 성품, 신앙적 갈등, 적응여부 등에 대해서 검토하고 발전적인 방향을 논의한다. 이 회의에서 사총사의 문제가 자주 거론되곤 했었다.

한 가지 다행인 것은 크리스천아카데미에서는 좀처럼 탈선하기가 쉽지 않다는 점이다. 환경적으로 도시 학생들보다 유혹받을 기회가 훨씬 적다. 학교 앞에는 버스 한 대 다니지 않는다. 인근 타운에 나가기 위해서는 빠른 걸음으로도 30분 이상 걸어야 한다. 내면적 탈선은 어쩔 수 없다 해도, 외면적 탈선은 사실상 불가능하다.

아이들의 부적응 문제는 불성실한 수업태도, 과제물 미완성, 식사시간 빼먹기, 기도모임 불참 등 사소한 것들이었다. 싸움박질할 상대도 없다. 미국 학생들은 대부분 신실한 크리스천 가정의 아이들인데다, 한국 학생들은 서로 친하게 지내지 않으면 불편해진다. 늘 함께 지내야 하기 때문에 이기적인 측면에서라도 친하게 지내야 한다는 것을 생리적으로 터득한다. 싸움이 일어날 문제의 씨앗이 원천적으로 봉쇄된 환경인 것이다.

부모와 떨어져 내버려진 것처럼 보이는 아이들은 사려 깊고 사랑 충만한 교사들 사이에서 안전하게 훈육된다. 교사들은 물론 나 역시 그 문제아 사총사에게 더 많은 애정을 쏟았다.

사랑이 무엇인가. 사랑은 치러내는 것이다. 피를 흘리는 것이다. 그 아이들과 함께 치러내고 그 아이들을 위해서 피를 흘리는 것이 사랑이었다. 나는 그 아이들이 좋은 성적을 받는 것보다, 밥은 잘 먹는지, 아픈 데는 없는지, 소소한 행복을 느끼는지에 대해서 더 걱정했다. 매일 한 번씩이라도 이름을 부르고 눈을 맞췄다. 그 아이들이 아플 때는 나도 아파했다. 그들을 위해서 늘 기도했다. 아이들이 넓디넓은 세상에서 쓰임 받는 사람이 되게 해달라고, 행복한 사람들이 되게 해달라고, 꿈을 발견하고 그 꿈을 이루는 사람이 되게 해달라고.

이런 사랑과 배려 속에서 사총사는 무사히 졸업을 했다. 대학에도 들어갔다. 처음 이 아이들이 여기 왔을 때는 과연 잘 적응할 수 있을지 걱정했었다. 솔직히 대학은 들어가기 어려울 거라고 생각했다. 아이들과 지낸 순간순간은 힘들 때도 있었지만 전체적으로는 행복했다. 시간이 훌쩍 지나 장성해버린 아이들을 보니 함께 보낸 과거의 시간들이 자랑스러웠다.

그렇게 학교를 떠나 세상으로 나간 그 네 명의 아이들이 갑자기 어엿한 청년의 모습으로 나타나 "아빠, 빈방에서 하루만 재워주세요!"라고 떼를 쓰는 게 아닌가.

"어이구, 알았다. 빈방 찾아가서 자고 밥은 때 되면 먹어. 알았지?"

남자 아이들이라 애교 한 번 안 부리고 "네!"라는 짧은 대답만 남긴다. 집 떠난 자식이 가족이 그리워 찾아왔을 거란 생각에 주방 집사님께도 "아이들 음식 좀 넉넉히 해주세요."라고 부탁했다. 주방 집사님은 하루 세 끼 아이들 밥 먹는 모습만 봐도, 아이 하나하나에게 어떤 걱정이 있는지 알아차리는 분이다.

"그렇지 않아도 그 녀석들 좋아하는 거 하려고 재료들 꺼내 놨어요."

퇴근하려고 주차장으로 나서는데 체육관에서 문제아 사총사 녀석들이 농구 하는 소리가 들렸다. 예전엔 그 소리를 들으면 이 녀석들이 과연 숙제는 하고 노는 건지 걱정되어 학교를 떠나지 못했었다. 그러나 이제는 그 아이들이 동생들과 함께 노는 것이 참 고마웠다.

며칠 후였다. 가야 한다며 사총사 녀석들이 인사를 한다.

"벌써 가니? 그럼, 다음에 또 와라. 아무 때나 와서 놀다 가,

알았지?"

"네, 안 그래도 그러려고요. 오면 재워주실 거죠?"

"이놈들아, 그걸 말이라고 하냐? 학교 잘 다니고, 기도 많이 해. 조심히 가고….'

아이들은 "안녕히 계세요."라고 합창하듯 인사하면서 우물쭈물 뒷걸음질하다가 갑자기 편지 한 통을 쑤욱 꺼내더니 내게 건네줬다.

"이게 뭐냐?"

"에이…, 그냥 편지 한 통 썼어요. 저희 진짜로 갈게요. 건강 하셔야 해요."

편지를 받아들었다. 아이들이 떠난 뒤 읽었다. 가슴이 따뜻 해졌다. 감사했다.

장로님께,

길었다면 길었고 짧았다면 짧았던 이곳 NJUCA에서의 생활들이 지나고 이렇게 당당히 졸업생으로 다시 찾아 뵈어서 기분이 새롭네요. 저희 4명이 학창 시절에 사고 도 많이 치고, 여러 가지로 심려 끼쳐드렸던 점, 아직도 죄송스럽고 후회됩니다. 장로님과 하나님이 아니었다면 저희가 지금 어떻게 되었을지 상상조차 안 갑니다. 졸업생이라고 말썽꾸러기(?)였던 제자들을 이렇게 반겨주시고, 재워주셔서 너무나 감사해요.

이제는 저희가 각자의 길에 들었습니다. 짧은 기간이었지만 이곳에 와서 '쉼'을 느낄 수 있었습니다. 가족 같은 분위기, 대학에선 느낄 수 없었던 그 따뜻함을 잊지 못할 거예요. 하나님의 뜻에 의해 저희가 이곳으로 발을 들여놓았겠지만, 말썽꾸러기였던 저희들을 진심으로 돌봐주시고 이끌어주셨던 장로님의 끝없는 사랑은 평생 잊지 못할 겁니다.

비록 부끄러운 학창 시절을 보낸 저희지만 앞으로 더 큰 꿈을 갖고 하나님 말씀에 순종하겠습니다. 우리 학교(NJUCA)도 저희들이 빛낼 수 있도록 노력하겠습니다. 이젠 졸업생으로서, 하나님의 자녀로서 각자의 길을 헤쳐나가는 저희 4명이 이후에는 더욱 성장하고 당당한 모습으로 돌아오겠습니다.

건강하셔야 해요. 오래 오래 하나님의 좋은 제자들을 키워주세요. 사랑합니다. 셋째 아버지. 신정하 장로님!

PS. 참, 학창 시절 받았던 1대1 제자훈련은 항상 마음에
두고 삶에 적용하고 있답니다.

말썽꾸러기 사총사 올림

아이들이 불러준 한 마디의 말, '셋째 아버지'란 말이 눈시울
을 뜨겁게 했다. 싹싹한 딸들만 나를 그렇게 불러주는 줄 알았
는데, 무뚝뚝한 '문제아 사총사'에게도 나는 세 번째 아버지였
던 것이다. 고맙고 벅찼다.

게다가 1대1 제자훈련을 기억하고 삶에 적용하려 한다는 말
이 내게 무척이나 큰 위로가 되었다. 매주 월요일 저녁, 1대1
제자훈련 시간이 되면 갖가지 핑계를 대고 도망치려 했던 아
이들이었다. 때론 눈물 나게 혼났던 아이들이 그 시간을 기억
한다고 했다.

아이들은 그 시간을 소중한 추억으로 생각하고 있었다. 그
아이들에게 다른 어떤 것보다도 1대1 제자훈련을 시키고 싶어

했던 나의 간절함이 통했다고 생각하니 눈물이 났다. 이 세상에 헛된 것은 없다. 울며 씨를 뿌리면 기쁨으로 거둔다. 진심이 깃든 사랑은 이 세상 모든 아이들의 마음을 움직이고 문제아들의 마음까지도 움직인다.

내 아들 조셉을 잃고, 나는 NJUCA 학생들의 아버지가 되려 했다. 그것은 인간적인 노력이었다. 하늘 아버지의 마음을 전해주는 아버지가 되기를 소망했다. 하루하루 아버지로 살았다. 그러다 보니 인간적인 노력은 사라지고 나는 진짜 아버지가 되었다. 그들은 모두 나의 조셉이었다.

조셉과 함께 지냈던 시간들은 소중했다. 시간이 지나면 더욱 선명해진다. 마찬가지로 우리 학교 아이들과 함께 지낸 시간들도 소중했다. 시간이 갈수록 그 기억들 역시 더욱 뚜렷해지리라. 《아버지에게 가는 길》에서 케니 켐프Kenny Kemp는 말했다. "소중한 순간이라는 개념은 환상이다. 모든 순간이 소중한 시간이 되어야 한다."

나는 세 번째 아버지다. 그것으로 족하다. 정말 충분하다. 아버지에게 소중한 순간이란 없다. 아이들과 지낸 모든 시간들이 소중하기 때문이다.

기적은 "예스!"에서 시작된다

"없다고 주눅 들지 마라. 네 입을 항상 크게 열어라.
없는 것을 있는 것같이 꿈꾸면, 언젠가 가득 채워질 거다."
믿는 자는 불가능을 가능케 하는 기적의 삶을 살아야 한다.
큰일이든 작은 일이든, 하나님 앞에서 "예스!"라고
씩씩하게 응답한다면 기적은 반드시 이뤄진다.

열 번째 이야기

NJUCA에 와서 삶이 완전히 달라진 학생도 있다. 이름만 들으면 다 아는 굴지의 재벌그룹 오너의 외손자인 A군이 그렇다. A군은 검사인 아버지의 엄한 교육방침에 반발하느라 중학교 시절을 방황으로 보냈다. 성적은 바닥을 쓸었고, 가출과 무단결석을 밥 먹듯 해서 학교에서도 퇴학당했다. 한국에서는 대학은커녕 고등학교도 올라가지 못하는 상태였다.

그런 A군이 NJUCA에 입학하고 싶다고 했을 때, 우리는 솔직히 많이 고민했다. 선생님들과 오랫동안 토론한 끝에 1년간

다녀보고 적응 여부에 따라 입학을 허가하자는 결론이 났다. 1년 동안 잘 적응하면 계속 공부할 수 있는 조건부 입학이었다.

초기에는 이런저런 어려움도 많았지만, A군은 결국 잘 극복해냈고 성공적으로 학교생활에 적응했다. 지금은 부족한 기초를 만회하기 위해 영어단어를 하루에 200개씩 외우며 실력을 끌어올리는 중이다. 바닥에서 시작한 공부였지만, 이제는 내신 성적도 90점대 이상을 유지하고 있어 대학 진학도 가능해진 상태다.

A군 스스로도 자신의 변화에 대해 놀라워한다. NJUCA에 오지 않았더라면 자신의 미래가 어떻게 되었을지 의문이라고 고백했다. A군은 기숙사 수련회를 통해 발견한 기독교 신앙 가운데 채플의 찬양팀원으로 섬기며 오늘도 실력연마에 최선을 다하고 있다.

공부는 물론이고 친구들과의 관계, 선생님들과의 관계도 무척 좋다. 생활의 모든 면에서 놀랍게 성장하고 변화된 모습을 보여주었기에, 교사들과 교직원들, 기숙사의 돔 페어런츠, 학생식당 집사님들까지 칭찬을 아끼지 않고 있다.

A군처럼 드라마틱한 변화가 아니어도, 우리 학생들은 자신

들이 NJUCA에 와서 얼마나 많이 성장하고 변화했는지 느낀다. 일반 고등학교에 다녔더라면 경험해보지 못할 여러 트레이닝 과정들 속에서 아이들이 영적으로 성장하고 단단해지는 것을 보면서 나는 감사하고 또 감사할 뿐이다.

단단하게 성장한 것은 나 역시 마찬가지다. 내가 처음에 아무 연고도 없는 프린스턴 근처에 크리스천아카데미를 세우겠다고 했을 때, 수많은 사람들이 "꿈같은 소리를 하고 있네."라며 혀를 찼다.

"하나님이 이끌어주시는 정규학교를 만들겠습니다. 인종을 초월한 전 세계 학생들이 이곳에서 공부해 세상을 올바르게 이끌어가도록 하겠습니다. 수많은 목회자들이 쉼을 얻는 '라브리(프란시스 쉐퍼Francis Schaeffer가 스위스에 세운 영성 공동체)'와 같은 공간으로 만들겠습니다."

이렇게 말하는 나를 응원해주는 사람은, 사실 별로 없었다. 다들 이렇게 말했다.

"꿈같은 소리를 하시네요. 아직 젊으신 줄 아시나? 나이를 생각하세요. 그러다가 말년을 망칠 수 있어요. 잘 생각하세요."

사람들의 걱정과 비난이 쏟아질 때마다 나는 생각했다.

'아니, 꿈이 무엇인가? 실현가능성이 안 보이니까 '꿈'이라고 부르는 것 아닌가? 당장 실현할 수 있는 것, 근접 가능한 것만 생각한다면 그것은 꿈이 아니지 않은가? 현재 없는 것을 꿈꾸는 것, 그게 진짜 꿈 아닌가? 꿈을 꿔야 꿈이 되는 것 아닌가? 그래, 나는 지금 꿈같은 소리를 하고 있다. 진짜 꿈을 말하고 있다.'

그런데 지금 우리 학교에 와본 사람들은 아무도 '꿈같은 이야기'라고 말하지 않는다. 대신 "아니, 어떻게 이런 멋진 장소를 일구셨어요?" 하고 묻는다. 그러면 나는 허허 웃으며 이렇게 대답한다.

"그냥 입을 크게 열었지요. 크게 열고 크게 받을 것을 소망했지요."

지난 삶을 되돌아보니, 마음속에 꿈을 갖고 그 꿈을 심은 사람들은 결국 열매를 얻었다. 세상의 관점에서 봐도, 소위 '출세'를 했다. 그러나 아무런 꿈도 없이 술에 술 탄 듯, 물에 물 탄 듯 살아간 사람들은 그저 그렇게 평범하고 힘들게 살았다.

그래서 나는 늘 학생들에게 "각자 마음에 걸어둘 꿈의 그림을 생각하라."고 권한다. 청소년 시절부터 마음이라는 캔버스에 뚜렷한 그림을 그려야 한다. 그것이 바로 꿈이다. 그 꿈의 그림을 늘 쳐다보면서 현실을 이겨내야 한다. 그 그림은 바라는 것들의 실상이다. 지금은 보이지 않아도 언젠가는 현실에서 이루어진다는 확신을 갖고 살아야 한다.

보이는 씨앗뿐 아니라 보이지 않는 씨앗의 가치까지 알아보고, 그 씨앗을 마음밭에 뿌리는 것이 중요하다. 긍정적이고 창조적이며 생산적인 생각은 그 씨앗의 싹을 틔우는 데 좋은 거름과 양분이 된다.

히브리서는 '믿음은 바라는 것들의 실상'이라고 했다. 이 말은 마음속에서 꿈꾼 것은 실제로 가진 것과 같다는 뜻이다. 입을 크게 열고 받을 준비를 했을 때, 그 마음의 소망은 현실의 것이 된다.

인생의 성공은 IQ가 아니라 꿈의 크기에 달려 있다. 이것은 내 인생을 통해서 얻은 결론이기도 하다. 그런데 주위를 돌아보면 의외로 꿈 하나 없이 사는 사람들이 너무나 많다. 청운의 푸른 꿈을 꿔야 할 청소년들조차 고작 개인의 영달을 위한 목표에 머물러 있다. 안타깝다. 정말 안타깝다. 대체로 그런 학생들은 마치 자신의 인생이 아니라 부모님의 꿈을 이뤄드리기 위해서 사는 것처럼 보이는 경우가 많다. 내가 한국에서 온 유학생들에게 언제나 하는 말이 있다.

"얘야, 네 인생은 네 것이야. 누구도 네 인생을 대신 살아줄 수 없단다. 네 인생의 주인은 바로 너야. 너는 네 인생이라는 배의 선장이란다. 네가 항해를 해나가야 해."

간혹 정말 형편이 어려운 아이들에게 우리 학교는 파격적인 장학금 혜택을 주기도 한다. 나는 그 학생들을 조용히 불러 이렇게 말한다.

"없다고 주눅 들지 마라. 네 입을 항상 크게 열어라. 없는 것을 있는 것같이 꿈꾸면, 언젠가는 가득 채워질 거다."

내가 하나님으로부터 예상치 못한 '특별 장학금'을 받았을 때 나 스스로 한 일이라곤 그저 입을 크게 열었던 것뿐이었다. 단지 없는 것을 있는 것같이 꿈꿨을 뿐이었다. 그럼에도 나는 받았다! 나와 마찬가지로 우리 아이들도 입을 크게 열고, 위대한 꿈을 꾸기를 소망한다.

그러기 위해서는 꿈이 확실해야 한다. 구체적인 미션과 비전은 사람들의 가슴을 뛰게 만든다. 그 미션과 비전은 '나는 누구인가?'에 대한 확고한 발견이 있어야만 나온다. 비전이 있는 민족은 망하지 않는다. 미션을 완수하기 전까지 사람은 죽지 않는다. 성경 역시 크리스천으로서 우리의 미션을 말해주고 있다.

우리는 하나님의 작품입니다.

선한 일을 하게 하시려고,

하나님께서 그리스도 예수 안에서 우리를 만드셨습니다.

하나님께서 이렇게 미리 준비하신 것은,

우리가 선한 일을 하며 살아가게 하시려는 것입니다.

— 에베소서 2장 10절

그렇다. 우리는 하나님의 작품이다. 이 땅에서 선한 일을 하면서 살아가야 하는 하나님의 걸작품이다. 이 확고한 생각을 하는 사람은 어떤 환란이 오더라도 자살을 선택하지 않는다. 여든 살이 되어도 가슴 뛰는 삶을 살 수 있다.

미국 캘리포니아 주 레딩의 베델교회를 담임하는 빌 존슨Bill Johnson 목사는 이렇게 말했다.

"믿는 자는 불가능을 가능케 하는 기적의 삶을 살아야 합니다. 사명의 삶을 살고 싶다고요? 어디에 있든, 무슨 일을 하든, 마음 가는 대로 하세요. 중요한 것은 예수님처럼 사는 것입니다. 그분처럼 병든 자를 치유하고, 마음 상한 자를 완벽하게 위로하며 귀신을 내쫓고 죽은 자를 살리세요. 그러면 됩니다. 그것이 우리의 기본 사명입니다."

우리 모두가 지닌 공통 소명은 바로 예수님처럼 되는 것이다. 그분처럼 삶에서 위로부터 오는 능력을 발휘하는 것이다. 기본 소명만 확실히 한다면 어떤 일을 하더라도 상관없다.

덧붙여 존슨 목사는, 하나님 앞에서 언제나 "예스!"의 삶을 살라고 당부했다. 하나님이 말씀하신 어떤 것들도 우리 삶에서 이뤄질 것이다. 작은 일에서부터 "예스!"라고 씩씩하게 응답한다면 반드시 이뤄진다.

하나님의 작품으로 우리는 먼저 그분을 알고, 사랑해야 한다. 이것이 크리스천 된 우리 모두가 간직해야 할 공통의 소명이다. 그리고 그분의 시선이 머무는 곳으로 달려가야 한다. 그곳에서 가슴 뛰는 열정의 삶을 살아야 한다. 열정(enthusiasm)은 '들어오다(en)'와 '신(theos)'이라는 어근이 합쳐진 단어다. 크리스천에게 열정은, 하나님이 우리 안에 들어오실 때 발휘된다.

나는 NJUCA 동산을 밟은 모든 학생들이 어떤 환경 속에서도 꿈을 꾸며 선을 행하는 사람이 되기를 꿈꾼다. 그 선은 어떠한 대가를 바라지 않고 행하는 선, 오직 하나님의 사랑에 겨워 행하는 선이다.

선한 일을 하다가, 낙심하지 맙시다.

지쳐서 넘어지지 아니하면,

때가 이를 때에 거두게 될 것입니다.

— 갈라디아서 6장 9절

　인생을 되돌아보니 이 귀한 말씀이 현실이 되었음을 감히 고백할 수 있다. 그래서 나는 내 인생을 걸고 아이들에게 이 말을 전한다.

　아직 내가 무언가를 이뤘다고 생각하지는 않는다. 모든 것은 과정이다. 길이다. 길을 걷는 것이다. 묵묵히 내가 지닌 꿈을 실현하기 위해 한 발 한 발 내딛다 보니 오늘에 이르렀다. 나는 앞으로도 걸어갈 것이다. 내 코끝에서 숨이 멈추는 그 순간까지 멈추지 않을 것이다.

장미라면 언젠가는
꽃을 피운다

'성공은 적절한 시간에 적절한 장소에서 적합한 일을 하는 것이다.'

적절한 때에 적절한 곳에 있을 때 하나님께서는

우리의 시야를 넓히셔서 더 먼 미래를 보게 해주신다.

그분은 자신이 의도한 모든 일을 끝내 이루시는 집요한 분이시다!

승리자는 때를 아는 사람이다.

정확한 때를 아는 사람은 결국 승리한다.

열한 번째 이야기

승리하는 삶을 살기 위해서 가장 중요한 것 중 하나가 때를 아는 것이다. 전도서 3장에도 '모든 일에는 다 때가 있다'는 말이 나온다. 세상에서 일어나는 일마다 알맞은 때가 있다는 것이다. 나 역시 인생을 살면서 '때를 아는 것'의 중요함을 실감하곤 한다.

가령 태어날 때가 있고, 죽을 때가 있다. 심을 때가 있고, 뽑을 때가 있다. 죽일 때가 있고, 살릴 때가 있다. 허물 때가 있고, 세울 때가 있다. 울 때가 있고, 웃을 때가 있다. 통곡할 때가 있고, 기뻐 춤출 때가 있다. 돌을 흩어버릴 때가 있고, 모아

들일 때가 있다. 껴안을 때가 있고 껴안는 것을 삼갈 때가 있다. 찾아 나설 때가 있고, 포기할 때가 있다. 간직할 때가 있고, 버릴 때가 있다. 찢을 때가 있고, 꿰맬 때가 있다. 말하지 않을 때가 있고, 말할 때가 있다. 사랑할 때가 있고, 미워할 때가 있다. 전쟁을 치를 때가 있고, 평화를 누릴 때가 있다.

많은 학생들이 공부에 치여 "왜 공부를 해야 하죠?" 하고 묻는다. 그런 질문에 자녀와 진지하게 토론을 하는 부모님들이 얼마나 될까? 실제로 어떻게 대답해주시는가? 깊이 있는 대화는 없고, 대신 "다 너 잘 되라고 하는 소리야." 하고 윽박지르면서 일축하는 부모님들도 많다. 좀 더 길게 설명하는 부모님이라 해도, "공부를 잘해야 좋은 대학에 들어가고, 좋은 대학을 졸업해야 연봉 높은 직장에 취직하고, 그래야 돈도 많이 벌고 행복해지지." 하는 이유를 든다. 과연 그게 다일까? 그러면 정말 행복해질까?

선생님들께 여쭤보아도 대답은 별반 다르지 않다. 수십 년 전에도 그랬다. 그러니 학생들 스스로도 왜 공부를 해야 하는지 여전히 잘 모른다. 부모님이나 선생님들의 말씀이 그다지 마음에 와 닿지도 않고, 그냥 하는 얘기 같다. 공부는 왜 하는 걸까? 내가 살짝 정답을 알려주겠다. 다른 학교는 모르겠고, 적어도 우리 학교 학생들이 공부하는 이유는 바로 이것이다.

"바로 그때, 주님이 내게 명하신 바로 그 시간에, 최고로 쓰임 받기 위해서 나는 오늘 공부한다."

촌음을 아끼며 공부해야 할 이유가 여기에 있다. 좋은 대학에 가고, 연봉이 높은 직장을 구하고, 평생 돈 걱정 없이 행복하게 살기 위해서 공부하는 것이 아니다. 오직, 그때, 주님의 위대한 역사에 쓰임 받기 위해서 오늘 공부하는 것이다! 그래서 시간을 아껴 눈에 불을 켜고 한 글자라도 더 보아야 하는 것이다.

"잠자는 사람아, 일어나라.
죽은 사람 가운데서 일어서라.
그리스도께서 너를 환히 비추어 주실 것이다" 하는
말씀이 있습니다.
그러므로 여러분은 어떻게 살아가야 할지를 살피십시오.

지혜롭지 못한 사람처럼 살지 말고,

지혜로운 사람답게 살아야 합니다.

세월을 아끼십시오. 때가 악합니다.

― 에베소서 5장 14~16절

모든 일에는 때가 있다. 특히 학생들에게는 일생 중 공부를 열심히 해야 할 때가 있다. 정확한 때에 1시간 동안 집중해서 한 공부는, 나중에 하루 종일 한 것보다 더 효과적인 경우도 많다.

그러나 많은 사람들이 마땅히 해야 할 일을 정확한 때에 하지 않는다. 그러다 보니 형통의 삶을 누리기 힘들다. 정확한 때를 아는 사람들은 남의 눈에는 비록 탁월하게 보이지 않을지라도 결국에는 승리하게 된다. 승리자는 때를 아는 사람이다. 그렇다면 어떻게 해야 '정확한 때'를 알 수 있을까?

다름 아닌, 복종이다.

하나님의 뜻은 반드시 성취된다! 그분은 자신이 의도한 모든 일을 끝내 이루시는 집요한 분이시다. 그분에게 우리의 모든 것을 복종해야 한다. 어린 시절부터 전능하신 하나님께 복종하는 훈련을 한다면 결국 그분의 마음으로 세상을 볼 수 있게 된다. 그러면 시세를 알게 된다. 정확한 때를 알게 되고, 돌아가는 형국을 제대로 판단할 수 있게 된다는 말이다.

하나님이 그분의 뜻을 하늘에서 이 땅에 가져오는 데 필요한 연결고리로 우리를 선택하셨다는 확고한 믿음을 가진다면 이 땅에서 성공자로 살 수 있다. 우리는 위대한 하나님의 뜻을 이 땅에 전하는 통로다.

나는 학생들 한 명 한 명을 대할 때마다 신성한 느낌을 갖는다. 아무리 보잘것없어 보이더라도 하나님의 손길이 닿으면 위대한 작품으로 변한다는 확신이 있기 때문이다.

우리는 하나님의 작품입니다.
선한 일을 하게 하시려고,
하나님께서 그리스도 예수 안에서 우리를 만드셨습니다.
— 에베소서 2장 10절

인간 모두는 하나님이 만드신 작품들이다. '만드신 바'를 뜻하는 헬라어가 요즘 많이 쓰이는 말인 '포이에마 poiema'다. 하나님의 작품인 우리는 선한 일을 행해야 한다. 그것이 바로 우리를 만드신 하나님의 뜻이다.

미국 콜로라도 주 스프링스의 세계추수사역 대표로 있는 척 피어스 Chuck Pierce 목사는 어디를 가든지 "당신을 위한 하나님의 때를 찾으라. 당신을 위한 하나님의 때를 분별하라."고 강조한다. 그리고 성공에 대해서 다음과 같이 정의한다.

"성공은 적절한 시간에 적절한 장소에서 적합한 일을 하는 것이다."

적절한 때에 적절한 곳에 있을 때 하나님께서 우리의 시야를 넓혀 더 많은 미래를 볼 수 있게 하신다는 말이다. 많은 사람들이 성공하며 승리하기를 원한다. 성공과 승리는 언제 보장되는가. 적절한 때 적절한 장소에 있을 때다. 그 때에만 우리는 성공하며 승리할 수 있다. 예외는 없다.

그렇다면 자기만의 때를 어떻게 관리해야 할까? 누구나 자기만의 시간표가 있다. 나에게도 나만의 시간표가 있다. 결코 다른 사람과 비교할 수 없는 시간표다. 세상은 자기 시간표대로 돌아간다. 사랑과 이별, 심지어는 생사고락까지도 각자의 스케줄대로 움직인다. 사람들은 내게 이렇게 말했다.

"아니, 그렇게 늦은 나이에 교육사업에 뛰어드시겠다고요? 너무 늦었어요."

그러나 나는 이 말에 주눅 들지 않았다. 사람들은 자신들의 시간표에 따라 나에게 늦다고, 혹은 빠르다고 말했다. 그러나 나에게는 나만의 시간표가 있고, 모든 사람들에게 적용될 수 있는 공통의 시간표란 존재하지 않는다. 그리고 우리 각자에게 임하시는 하나님의 시간은 '늦지 않게(in time)', 혹은 '무렵에(at time)', 아니면 '다 되어서(out of time)'가 아니라, '정각에, 바로 그 시간에(on time)'다.

어떤 일에 몰두하기 위해서는 먼저 자기가 누구인지 알아야 한다. 자기가 누구인지를 아는 사람은 다른 사람들과 비교하는 데 시간을 낭비하지 않는다. 매 순간을 최고의 열정으로 임하는 사람은, 세상의 제도와 관습이 정해놓은 시간표를 거부한다.

한국 학생들은 마치 동일한 부모, 동일한 선생님 밑에서 살고 배우는 것처럼 아침부터 밤까지 똑같은 시간표대로 움직인다. 그러나 각양각색의 학생들에게 어떻게 똑같은 시간표를 강요할 수 있겠는가. 생체리듬이 다르고, 살아온 환경이 판이한데, 어떻게 동일한 패턴으로 공부할 수 있겠는가.

소설가 파울로 코엘료 Paulo Coelho는 대부분의 사람들이 살아온 방식에 얽매여 좋은 기회를 놓쳐버린다고 말했다. 좋은 기회란 무엇인가? 시간과 에너지, 재능 등 자신의 모든 것을 몽땅 써도 전혀 아깝지 않은 일이다. 살다 보면 이런 좋은 기회가 반드시 온다. 아무리 한심하게 사는 사람이라 할지라도 일생에 한 번쯤은 좋은 기회를 만난다.

공부는 잘하지 못했지만, 어느 시점에 비즈니스에서 탁월한 재능을 발휘하는 학생이 있는가 하면, 예술 방면에서 탁월성을 나타내는 학생, 심지어 세기의 사랑을 하는 로맨티시스트 학생 등등, 각자의 재능이 다른 만큼 삶의 시간표도 모두 다를 수밖에 없다.

그러니 세상의 시간표에 연연하지 말고, 열정을 다 바쳐서 신명나게 일할 그 무엇을 찾아야 한다. 그 무언가를 찾고 거기에 '올인'하는 삶이야말로 가장 가치 있는 삶이다. 내게도 우리 학교 NJUCA는 내 인생의 발견이다. 그곳에 들어서는 순간, 나에게는 없던 힘이 불끈 솟아난다. 남들이 뭐라 하든, 내 나이가 몇 살이든 상관없다. 내 가슴이 뛰는 한 나는 청춘이다. 나는 나다. 내 시간표대로 간다.

나는 우리 학생들에게도 자기만의 인생 시간표를 작성하라고 말한다. 세상의 시간표는 잊어버리고 자기만 간직하고 자기만 볼 수 있는 시간표를 만들라고 한다. 그 시간표 위에서 가장 중요한 때는 바로 '지금(now)'이고, 가장 중요한 장소는 바로 '여기(here)'다.

인생길에서 내일을 위해 오늘을 포기하는 경우는 비일비재하다. 안타깝지만 그게 현실이다.

나 역시 젊은 시절에는 '내일'을 준비한다는 미명 하에 수많은 '오늘들'을 허비하곤 했다. 하지만 이제 와서 깨달은 것은, 오늘이 없으면 내일도 없다는 것이다. 오늘 행복하지 않으면, 내일도 행복하지 않다. 그렇다고 미래를 위해 오늘 노력하는 것이 다 헛되다는 게 아니니 오해 없길 바란다. 내일을 위해 공부하고 노력하는 '지금 여기'에 초점을 맞추고, 지금 이 순간 여기에서 제발 행복하라는 뜻이다.

어떻게 보면, 많은 사람들이 행복해지기 위해 돈을 버는 것이 아니라, 돈을 많이 벌기 위해 오늘의 행복을 포기하고 사는 것 같다. 지금도 수많은 학생들과 학부모들이 내일을 위해 오늘의 행복을 포기하고 있는지도 모르겠다.

    사람들은 모두 이미 누군가 만들어놓은 멋진 정원을 찾아 헤맨다. 똑같은 정원을 갖기 위해서 분투하고 노력한다. 그러나, 그러나 진정 멋진 정원은 내가 만들어가는 정원이다. 매일 물을 주고, 나무의 가지를 치고, 돌을 골라내며 손수 만드는 정원이야말로 세상에서 가장 가치 있고 멋진 정원이다.

다르게 사는 사람들

영성지수가 높은 사람은 자존감이 높다.

그 어떤 상황에 처해도 절망하지 않는다. 자족한다. 왜 그럴까?

바로 그들의 내면 깊숙한 곳에 절대자가 있기 때문이다.

이처럼 하나님이 함께해주신다는 확신이 있는 사람들은

환경을 초월해 자기 인생을 산다. 남에게 보여주기 위한 인생이 아닌,

스스로가 주님 안에서 행복해지는 인생을 산다.

열두 번째 이야기

　　　　내가 NJUCA를 만든 것은 주님 안에서 '다르게' 사는 사람들을 키우기 위함이다. 다르게 살기 위해서는 안전지대를 박차고 나와야 한다. 세상이 정한 시간표가 아닌 자기만의 시간표대로, 세상의 꿈이 아닌 '나만의 꿈' 리스트를 체크하며 살아야 한다. NJUCA는 이런 것들을 강조한다.

　크리스천들에게는 주어진 환경 속에서 하나님의 뜻대로 사는 것이 바로 성공이다. 그러나 오늘날 크리스천 학부모들은 어떠한가? 세상 풍조에 휩쓸려 자녀의 성공을 위해 온갖 세속적인 방법을 쓰고, 하나님의 기대와 바람이 아니라 개인들의 인간적인 바람을 실현하는 데 온 힘을 기울인다. 이런 가운데 우리 아이들이 무슨 위대한 꿈을 꾸겠는가? 어떻게 주님 나라 확장을 위해 희생할 수 있겠는가?

언제부터인가 교육계에도 감성교육 바람이 불었다. 지성 위주 교육에 대한 반성이다. 때로는 감성교육 그 자체도 지성의 확장을 위한 보조도구가 된 듯하지만, 어쨌든 감성지수를 강조하는 것은 바람직하다고 할 수 있다.

그러나 이것만으로는 부족하다. 여기에 무언가가 더해져야 한다. 바로 영성이다. 영성지수를 높여야 한다. 살면서 지성과 감성은 조금 부족했지만 탁월한 영성지수를 지닌 사람들이 결국 인생에서 성공하는 모습을 많이 봐왔다. 지성지수와 감성지수가 아무리 높아도, 거기에 영성이 보태지지 않는다면 한계에 부닥칠 수밖에 없다.

20대와 30대, 40대까지는 보이지 않았던 것들이 50대나 60대에 와서 선명해지는 경우가 있다. 영성에 관한 것이 그렇다. 40대 중반 정도까지는 지성적 리더들이 각계에서 두각을 나타낸다. 여기에 감성이 더해지면 더욱 뚜렷하게 부각된다. 그러나 지성과 감성을 갖춘 리더들은 때론 한순간에 무너지기도 한다. 그야말로 '한 방에 가는' 것이다. 왜일까? 바로 영성적 자질이 부족했기 때문이다.

그렇다면, 영성이 무엇인가? 크리스천의 관점에서 영성은 하나님을 알고, 그분을 사랑하는 것이다. '하나님 앎'과 '하나님 사랑'이 기본으로 깔리는 것이다. 영성이라는 단단한 기초가 마련되면, 지성과 감성도 더욱 탁월해진다. 그런데 영성교육은 때를 놓쳐서는 안 된다. 어린 시절, 늦어도 중·고등학교 시절에 시작하지 않으면, 설령 그 아이가 하버드 대학에 들어간다 하더라도 결국 인생 전반에서는 실패하게 될 가능성이 높다.

극단적인 예를 들면, 지능지수와 감성지수만 높은 사람들 가운데는 한 순간에 스스로 생을 끊는 이들도 있다. 이 역시 영성지수가 낮기 때문이다. 영성지수가 높은 사람은 자존감이 높다. 그 어떤 상황에 처해도 절망하지 않는다. 자족한다. 왜 그럴까? 바로 그들의 내면 깊숙한 곳에 절대자가 있기 때문이다. 크리스천들에게 그 절대자는 물론 하나님이다. 하나님이 믿는 자들에게 한 약속이 있다.

네가 사는 날 동안 아무도

너의 앞길을 가로막지 못할 것이다.

내가 모세와 함께 하였던 것과 같이 너와 함께 하며,

너를 떠나지 아니하며, 버리지 아니하겠다.

— 여호수아 1장 5절

하나님은 우리를 떠나지 않으신다. 버리지도 않으신다. 그 앞에 한 구절 덧붙일 수도 있다. '어떤 상황에서도'란 말이다. 그렇다. '하나님이 함께하신다'는 믿음보다 인생을 더 풍요롭고 의미 있게 만드는 것은 없다. 하나님이 함께해주신다는 확신이 있는 사람들은 환경을 초월해 자기 인생을 산다. 남에게 보여주기 위한 인생이 아닌, 스스로가 주님 안에서 행복해지는 인생을 산다.

인생에서 남는 것은 주님과의 바른 관계다. 결국 인생의 주인은 나 자신이 아닌 하나님이다. 나의 소망과 비전이 아니라 하나님의 바람을 현실 속에서 이뤄나가는 것이 '믿음'이다. 나는 우리 학생들에게 세상 어느 곳에 있든지 '킹덤 드림Kingdom dream'을 이루는 주역이 되어야 한다고 강조한다. 그리고 충분히 그럴 능력이 있는, 바른 인재가 되도록 가르친다.

실제로 지성과 감성, 영성이 조화된 교육의 결과는 놀라웠다. 많은 학생들이 스스로 하나님의 영광을 위한 도구가 되겠다는 영적인 꿈을 꾸며, 실제로 그 꿈을 이루기 위해서 삶의 태도를 바꾸고 자신만의 길을 찾아갔다.

영성교육 덕분에 자연스럽게 자기 주도적인 학습이 가능해지면서 학업 성취도도 높아졌다. 공부를 더 잘하게 되었다는 것이다. 그러나 공부를 잘하게 된 것은 순전히 덤이다. 주님 안에서 다르게 사는 방법, 올바르게 사는 방법을 배웠다는 사실이 더 중요하다.

우리 학교의 교사들은 모든 일을 기도로 시작하고 기도로 끝낸다. 그렇다고 가르치는 데에 소홀한 것은 아니다. 교사들은 철저하게 학생들의 성적을 관리한다. 모든 수업이 1대1 방식으로 진행되기 때문에 학생들이 공부를 하지 않을 수가 없다. 우리는 이 학교를 통해서 하나님 나라의 교육이 올바로 이뤄지기를 바라며 눈물로 기도하고 있다.

교육가로서 나는 학생들이 올바로 배우기를 간절히 바란다.

그 올바로 배우는 학생들을 통해서 선생들이 배우기를 소망한다. 인생길에서 우리는 서로 배운다. 서로 배우되 바로 배우는 것이 필요하다.

《천로역정》의 저자 존 번연은 허락 없이 설교를 했다는 죄목으로 12년 동안 감옥에 갇혔다. 싸늘한 냉기가 도는 감방에서 괴로워하는 번연의 심정은 어땠을까? 감옥에서 그는 철저한 실패자였고 시련의 사나이였다. 그러나 그가 《천로역정》을 쓴 것은 감옥에서였다. 그가 감옥이라는 환란 속에 머물지 않았더라면 《천로역정》과 같은 작품이 나올 수 있었겠는가?

내 인생 역시 실패와 시련의 연속이었다. 세상 사람들의 눈에는 70대 중반이 된 지금도 시련을 겪고 있는 것으로 보일지 모른다. 우리 학교에도 실패를 경험한, 혹은 지금도 경험하고 있는 상처투성이의 학생들이 있다.

하지만 나는 실패 속에 사는 내가 사랑스럽다. 상처받은 학생들이 사랑스럽다. 실패를 통해서 더 많이 배울 수 있기에, 끝나는 그 지점에서 다시 시작할 수 있기에 나와 학생들이 자랑스럽다.

어쩌면 나는 이렇게 생을 마칠지 모른다. 제대로 된 크리스천 학교 하나를 만들려고 끙끙거리다가 결국 성공하지 못한 채이 땅을 떠날 수도 있다. 그러나 그것은 끝이 아니다. 나의 걸음을 기초로 해서, 나의 '끝점'을 또 다른 시작점으로 누군가가 하버드 대학이나 예일 대학 같은 명문 크리스천 학교를 만들 수 있을 테니까 말이다.

작가 시오노 나나미의 말처럼 "장미라면 결국 꽃을 피운다." 물론 꽃을 피우기까지 수많은 실패를 경험하겠지만, 그래도 결국 장미꽃은 피어난다. 스티브 잡스도 이렇게 말하지 않았던가.

"기억하세요. 인생은 수많은 도트(dot, 점)의 연속이라는 사실을."

한 점 한 점만 볼 때는 쓰라리고 아프다. 다 끝난 것 같다. 그러나 그 점들을 길게 이어보면 다르다. 인생의 참 의미를 알 수 있다. NJUCA에서 나는 수많은 장미꽃들을 본다. 송알송알 꽃봉오리같이 소중한 아이들이 저마다의 인생길에서 또 얼마나 많은 실패를 경험할지도 안다.

그러나 나는 믿는다. 아이들은 결국 장미꽃으로 피어날 것이라는 사실을. 내가 우리 학교에 들어온 학생 중 어느 한 명도 결코 포기하지 않는, 포기하지 못하는, 포기할 수 없는 이유도 바로 거기에 있다.

한국을 방문할 때마다 자주 가는 곳이 몇 군데 있다. 그 중한 곳이 경상남도에 있는 거창 고등학교다. 나는 거창 고등학교야말로 한국 교육의 미래가 있는 참교육의 현장이라고 생각한다. 1953년 개교한 거창 고등학교는 초기에는 그저 그런 학교였지만 1956년 고故 전영창 선생님이 교장으로 취임한 이후에 의미 있는 발전을 거듭했다.

고 전영창 선생님은 어느 유명 대학의 부학장으로 초빙되었지만 그 자리를 거절하고 경상도 산골로 내려와 거창 고등학교 교장으로 부임했다. 그리고 그분의 헌신과 노력은 폐교 직전의 학교를 되살렸다.

고 전영창 교장 선생님이 학생들에게 남긴 글 가운데 하나가 '직업 선택의 10계명'이다. 많이 알려진 것이지만, 한 번 더 소개하고자 한다. 내용은 다음과 같다.

1. 월급이 적은 쪽을 택하라.
2. 내가 원하는 곳이 아니라 나를 필요로 하는 곳을 택하라.
3. 승진의 기회가 거의 없는 곳을 택하라.

4. 모든 것이 갖추어진 곳을 피하고 처음부터 시작해야 하는 황무지를 택하라.

5. 앞을 다투어 모여드는 곳은 절대 가지 말라. 아무도 가지 않는 곳으로 가라.

6. 장래성이 전혀 없다고 생각되는 곳으로 가라.

7. 사회적 존경 같은 건 바라볼 수 없는 곳으로 가라.

8. 한가운데가 아니라 가장자리로 가라.

9. 부모나 아내나 약혼자가 결사반대를 하는 곳이면 틀림없다. 의심치 말고 가라.

10. 왕관이 아니라 단두대가 기다리고 있는 곳으로 가라.

나는 이 거창 고등학교의 '직업 선택 10계명'을 우리 학생들에게 종종 읽어준다. 학생들이 하나님이 주신 10계명과 이 직업선택 10계명을 함께 지키길 바라는 마음에서다. 이 10계명이 말하는 요지는 결국 '섬기는 사람이 돼라'는 것이다. 섬기고, 나누고, 희생하는 사람으로 살라는 것이다.

큰 성공을 거둔 사람들이 어느 날 갑자기 그 성공의 자리에서 제 발로 내려오는 경우가 있다. 강제로 떠밀려서 내려가는 것이 아니라 자신의 결단으로 그 자리를 떠나는 것이다. 뉴스를 통해서 우리는 자주 그런 사실을 접한다. 그들이 왜 그런 결정을 하게 되었을까? 그러한 결단의 배경에는 무엇이 있었을까? 그리고 그들이 이후에 무엇을 하는지 살펴보아야 한다. 우리 모두가 가고자 노력하는 정점에 이미 다다른 사람들의 결정과 행동은 반드시 연구해볼 만한 가치가 있다. 그래야 후회 없는 삶을 살 수 있다.

큰 성공의 자리에서 자발적으로 내려오는 사람들이 최종적으로 가는 자리가 있다.

바로 '섬김의 자리'다.

성공을 위해서 분투했던 사람들이 마지막에 시도하는 것은 결국 섬김과 나눔이다. 빌 게이츠도, 워런 버핏도, 오프라 윈프리도 모두 '섬김이야말로 최고의 비즈니스'라고 말했다. 그러면서 몸소 그 낮은 자리를 향해 길을 떠났다. 그들은 자신들이 일생 동안 배우고 경험했던 모든 것들을 활용해 남을 도우려 한다. 비즈니스 세계나 공직, 교직 등을 통해서 자신들이 체득했던 노하우를 섬김 사역에 쏟아붓는 것이다. 그럴 때 사역의 승수효과가 일어난다. '1+1=2'가 아닌 경우도 많다. 시대를 앞서간 사람들이 힘을 합쳐서 일하면, 상상할 수도 없는 놀라운 결과가 나온다.

나 역시 비록 이 땅에 큰 족적을 남길 만한 위대한 인물은 아니지만 섬김이야말로 인생에서 가장 흥미진진한 일이라고 확신한다. '주는 자가 더 복이 있다'는 말은 성경말씀(사도행전 20장 35절)일 뿐만 아니라 나의 지론이기도 하다. 남을 섬기고 자신의 것을 나눈다는 것은 결코 인생의 낭비가 아니다. 오히려 수지맞는 일이다. 복 받는 행위다.

이 땅에서 떵떵거리며 살았던 사람들은 세월이 지나면 잊힌다. 그러나 섬기고 나누는 이들은 사람들의 가슴속에 영원히 산다. 나는 이 시대의 큰 인물들이 섬김의 삶으로 길을 떠나는 모습을 보면서 이런 생각을 한다. '그들이 세속적인 성공을 거둔 이후에 섬김의 자리로 가는 것보다 세속적인 일들을 열심히 하면서 동시에 섬기는 일들을 병행했더라면 더 좋았을 텐데…' 라고. 섬김이 우리가 결국 가야 할 최종적인 모습이라면 좀 더 빨리, 인생의 화창한 날부터 섬김의 삶을 사는 것이 더욱 효과적이지 않을까 하는 생각에서 하는 이야기다.

교육가로서 나는 학생들에게 어린 시절부터 '섬김의 도'를 체득해야 한다는 점을 누누이 강조한다. 섬김의 자리로 내려가는 것은 말처럼 쉽지 않다. 오랜 훈련의 결과물이다. 섬기는 자리는 한없이 낮아져야 하는 자리다. 섬기는 사람은 자신을 내세울 수 없다. 어쩌면 섬김의 도를 실행하는 그 과정에서 수없이 마음의 상처를 받을지도 모른다. 자신은 다함이 없는 사랑으로 섬겼지만, 상대가 배은망덕하게 나올 수 있다.

간혹 자아실현의 일환으로 섬김과 나눔의 삶으로 길을 떠나는 사람들이 있다. 섬김과 나눔마저도 성공의 한 방편으로 삼는 이도 적지 않다. 그렇게 불손하고 거짓된 마음을 가진 사람들은 결국 사람들에게 실망하거나 상처를 입는다. 제한된 존재인 인간은 본질적으로 죄인이기 때문이다. 그럼 어떻게 해야 진정한 섬김의 삶을 살 수 있을까?

나는 우리 학생들에게 오스왈드 챔버스의 이야기를 자주 들려준다. 그는 "예수 그리스도의 말씀에 따르면 주의 부르심은 다른 사람의 '신발털이(door-mat)'가 되라는 부르심입니다."라고 말했다. 주님의 부르심을 받는 사람들은 신발털이가 될 정도까지 낮아지고 또 낮아져야 한다는 것이다. 또한 그는 크리스천들에게 섬김의 주된 동기는, 사람을 향한 사랑이 아니라 예수 그리스도를 향한 사랑이 되어야 한다고 강조했다.

만일 우리가 인류를 위해 헌신한다면 배은망덕한 사람들 때문에 우리의 가슴은 곧 멍이 들고 찢어질 것입니다. 그러나 우리의 동기가 하나님을 사랑하는 것이면 아무리 배은망덕한 사람들을 경험하게 될지라도 우리는 여전히 그들을 섬길 수 있습니다.

그렇다. 우리가 주위 사람들에 대한 사랑의 마음으로 그들에게 헌신한다면, 그들이 주체가 된다면 결국 실망만 남을 것이다. 그러나 모든 섬김과 나눔의 동기가 하나님 사랑 때문이라면 상대가 어떤 태도로 나오든 평정심을 유지할 수 있다.

내가 궁핍해서 이렇게 말하는 것이 아닙니다.
나는 어떤 처지에서도 스스로 만족하는 법을 배웠습니다.
나는 비천하게 살 줄도 알고, 풍족하게 살 줄도 압니다.
배부르거나, 굶주리거나, 풍족하거나, 궁핍하거나,
그 어떤 경우에도 적응할 수 있는 비결을 배웠습니다.
— 빌립보서 4장 11~12절

사도 바울이 빌립보서에서 밝힌 내용도 하나님 사랑이 무엇보다 더 중요하다는 사실을 알았기에 가능한 것이다. 하나님을 사랑하는 사람은 기꺼이 타인을 위한 '신발털이'가 될 수 있다. 그러나 섬김과 나눔의 깊은 밑바닥에 '자기 사랑'이 있는 사람은 결코 기쁜 마음으로 신발털이 노릇을 할 수 없을 것이다.

섬김과 나눔의 대명사는 예수 그리스도이시다.

마태복음 20장 28절에서 예수님은 "인자는 섬김을 받으러 온 것이 아니라 섬기러 왔으며"라고 말씀하셨다. 그분은 군림하는 리더가 아니라 '섬기는 리더십(servant leadership)'을 몸소 보이셨다. 높은 산이 아니라 낮은 계곡으로 친히 내려오셨다.

리더십은 영향력을 발휘하는 것이다. 그렇다면 인류 역사상 최고의 리더는 예수님이셨다. 그보다 더 많은 추종자를 가진 인물은 없었다. 그가 군림하는 리더였다면 그렇게 많은 사람들이 추종하지는 않았을 것이다. 성경에서 예수님이 어울린 사람들을 자세히 보라. 정신병 걸린 사람들, 나병환자, 거리의 여인들, 간음한 여인들, 사마리아 사람들처럼 천대받은 소외된 이들이었다. 그는 하나님의 아들로 군림할 수 있었지만 낮은 자리로 내려가셨다.

누가 더 높으냐?

밥상에 앉은 사람이냐, 시중드는 사람이냐?

밥상에 앉은 사람이 아니냐?

그러나 나는 섬기는 사람으로 너희 가운데 있다.

― 누가복음 22장 27절

예수님은 철저히 자신은 '섬기는 자'라는 정체성을 갖고 계셨다. 십자가에 달려 죽임을 당하시기까지 예수님은 나누고 또 나누셨다. 그분 안에 깊은 사랑이 없었다면 도저히 나올 수 없는 행동이었다. 예수님은 체포되기 직전까지도 제자들에게 "내가 너희를 사랑한 것 같이 너희도 서로 사랑하라"고 말씀하셨다.

기독교 교육의 목적은 예수님이 우리에게 몸소 보여주신 섬김의 리더십, 사랑의 리더십을 학생들로 하여금 구비토록 하는 것이다. 남을 이겨야만 내가 사는 '정글의 법칙'이 만연하고 있는 이 시대에 예수 그리스도의 역설적 리더십, 그 섬김과 나눔의 정신으로 무장된 학생들이야말로 세상을 바꿀 주역이다.

나는 학생들에게 뉴저지연합교회의 나구용 목사님의 목회철학에 대해서 자주 이야기한다. 2010년 은퇴한 나 목사님의 목회철학은 목회에만 한정된 것이 아니라 인생에도 그대로 적용할 수 있기 때문이다.

나 목사님은 늘 자신의 목회에서 '희생'을 제1의 덕목으로 제시했다. 희생은 피 흘리는 것이다. 그에 따르면 피 흘림 없이는 희생이 이뤄질 수 없다. 예수 그리스도가 우리 죄를 대속하시기 위해 피 흘리며 희생하셨듯이 우리 또한 희생하기 위해서는 피를 흘려야 한다. 그래서 나 목사님은 항상 희생을 강조하셨다. 그리고 그분의 삶 자체가 희생의 산 증거였다.

1984년 2대 담임으로 부임한 나 목사님은 당시 40대 초반의 열정 충만한 젊은 목회자였다. 그분은 겸손과 희생으로 교회와 신도들의 영적 성장을 위해 지난 26년간 몸과 마음을 아낌없이 바치셨다. 심지어 간경화로 생사의 기로에 놓여 있었을 때조차 목회를 그만두지 않고 끝까지 버티셨다. 지금의 뉴저지연합교회가 존재할 수 있었던 것도 다 그분의 희생 덕분이다. 나 목사님은 희생의 중요성을 강조하면서, 이렇게 말씀하셨다.

아름다운 곳에서 뛰노는 아이는 아름다운 사람으로 자

랄 것입니다. 그리고 이 어린이가 가는 곳은 어디든지 아름다워질 것입니다. 세상을 만드는 일은 이렇게 단순합니다. 전혀 복잡하지 않습니다. 작은 일이라도 그냥 희생하면 아름다운 꽃을 피울 수 있습니다.

나는 이 땅이 더욱더 아름다워지기를 원합니다. 그러기 위해서는 희생해야 합니다. 서로 돌보려면 서로의 희생이 필요합니다. 나의 희생 없이 내 이웃을 돌볼 수 없습니다. 희생은 상대방의 자리에 서는 것입니다. 상대방의 신발을 내가 신는 것입니다. 발이 아프더라도 내 발에 맞지 않는 신발을 신고 다녀야 합니다. 평범한 노력으로는 감당할 수 없는 일입니다. 희생의 마음만이 이런 일들을 가능케 합니다.

나는 26년간 나 목사님의 말씀을 듣고 신앙생활을 했다. 그분의 말은 내 심비心碑에 새겨져 있다. 그래서 나 역시 학생들에게 "희생하라. 또 희생하라. 희생하면 아름다운 꽃을 피운다."고 말한다. 어떻게 '뜻이 하늘에서 이루어진 것 같이 땅에서도 이루어질 수' 있을까. 주님은 우리에게 그렇게 기도하라고 가르쳐주셨다. 희생은 하늘의 뜻을 땅에 이뤄지게 할 수 있는 합법적 수단이다. 그래서 희생은 희생이 아니다. 희생은 투자다. 고귀한 영적 투자다.

나는 우리 학생들이 하나님 나라를 이 땅에서 이루는 도구가 되기를, 통로가 되기를 소망한다. 열악하다고 말할 수밖에 없는 학교 시설을 볼 때마다 나는 누구보다 가슴이 아프다. 나의 간이라도 팔아서 우리 아이들에게 좀 더 좋은 시설을 제공하고 싶다. 청운의 꿈을 안고 여기까지 온 아이들을 희생시키는 것 아닌가 하는 괴로운 생각을 할 때도 많다. 그러면서도 섬광처럼 떠오르는 생각이 있다.

바로 여기서 아이들은 희생을 배운다고.
그리고 그 희생이야말로 무엇과도 비할 수 없는 고귀한 투자라고.

그렇게 생각하니 열악한 시설은 오히려 감사의 대상이 된다.
보이는 현상을 부정적으로만 해석할 필요는 없다. 돌아보니 우리 학교는 어떤 학교와도 비교할 수 없는 탁월한 자연 풍광을 지니고 있다. 학생들은 대자연을 만끽할 수 있다. 주위에 유해시설도 하나 없다. 한눈팔 수 없는 탁월한 입지 조건이다.

그 안에서 아이들은 무엇을 배우는가. 바로 희생을 배운다. 서로에게 희생하는 법, 자연에 순응하는 법, 그리고 하나님께 순종하는 법을 배운다. 나는 이것이야말로 가장 위대한 교육이라고 믿는다.

나구용 목사님과 나영자 사모님은 하루도 빠짐없이 학생들을 위해서 중보기도를 해주신다. 그분들은 아카데미의 시작부터 물심양면으로 후원해주었으며 은퇴한 지금도 정신적 구심점이다.

그 훌륭한 분들이 학교를 위해 기도하고 있다!

그분들뿐만이 아니다. 뉴저지연합교회에 새로 온 최성남 목사님과 1,200여 성도들이 이름 모를 학생들을 위해서 기도한다. 기도의 대열에 동참하는 사람들이 점점 늘어나고 있다. 학교를 졸업한 학생들, 그리고 가족들이 뉴저지를 생각하면서 무엇을 하겠는가. 그들이 믿는 자들이라면 무언가 간절한 마음을 갖고 기도를 하지 않겠는가. 그들 자녀가 다녔던 학교가 강한 곳이라면 그들의 마음을 아련하게 하지 못할 것이다. 약했기 때문에, 긍휼을 구하며 기도하고 있을 것이다. 그리고 꿈을 꿀 것이다. 언젠가 NJUCA에서 일어날 기적을, 수많은 주의 자녀들이 복음을 들고 NJUCA에서 5대양 6대주로 나가는 기적을,

이곳에서 미국을 움직이는 시대적 별들이 나오는 기적을, 그리고 이 땅을 밟았던 모든 사람들이 행복한 미소를 짓는 기적을.

기도의 힘을 믿는가. 그렇다면 NJUCA는 위대한 학교다. 수많은 하나님의 사람들이 드리는 기도의 힘으로 운영되기에.

NJUCA, 그것은 거대한 희생의 실험장이다. 내게 있어 그것은 신학의 실험장이다. 교육의 실험장이다. 꿈의 실험장이다.

요셉의 원리

가장 높으신 분의 보호를 받으면서 사는 너는,
전능하신 분의 그늘 아래 머무를 것이다.
나는 주님께 "주님은 나의 피난처, 나의 요새,
내가 의지할 하나님"이라고 말하겠다.
정녕, 주님은 너를, 사냥꾼의 덫에서 빼내 주시고,
죽을 병에서 너를 건져 주실 것이다.

— 시편 91편 1~3절

열세 번째 이야기

　　　　인생은 늘 순풍에 돛 단 듯 유유하게 흘러
가지는 않는다. 하지만 인생이란 산맥을 오를 때 그 어떤
절망이 닥쳐도 '태도'에 따라 가치를 실현할 수도, 허물 수도
있다.

　우리 학교에는 어려운 가정형편 때문에 고통을 겪고 있는 아
이들이 적지 않다. 어린 나이지만 건강 때문에 심각한 어려움
에 처한 아이들도 있다. 나는 그 아이들에게 태도의 중요성을
이야기한다. 인생에서는 사건 자체보다 그것을 어떻게 해석하
느냐가 더 중요하기 때문이다. 그런 점에서 좋은 태도를 갖는

것보다 더 좋은 학습은 없다.

어차피 인생의 환경은 모두 다를 수밖에 없다. 흔히들 더 많이 가진 자를 부러워하지만, 정작 그들에게도 남모를 고충은 많이 있다. 그래서 옛말에 '만석꾼은 만 가지 고민이 있다'고 했나 보다.

성경에 나오는 요셉이야말로 '사실보다 더 중요한 것은 태도'라는 명제에 잘 들어맞는 인물이다. 그는 형제들에 의해 노예로 팔려갔다. 감옥에 갇히기까지 했다. 그리고 크리스천이라면 누구나 알다시피, 요셉은 애굽의 총리대신이 된다. 흉년이 들자, 그를 노예로 판 형제들이 그에게 와서 곡식을 달라고 애걸한다. 요셉은 자신에게 악을 행한 형제들에게 선으로 보응한다. 그러면서 그는 이렇게 말한다.

형님들은 나를 해치려고 하였지만,
하나님은 오히려 그것을 선하게 바꾸셔서, 오늘과 같이
수많은 사람의 생명을 구원하셨습니다.
— 창세기 50장 20절

요셉은 자신에게 일어난 모든 사건과 사실을 '하나님의 섭리'라는 관점에서 보았다. 작은 그림이 아니라 큰 그림을 통해서 자신에게 일어난 일들을 해석한 것이다. 모든 일들을 하나님의 뜻 안에서 일어난 섭리적 사건으로 풀이했다. 그러니 그에게는 원망이 있을 수 없었다. 그리고 그 환경에 함몰될 리가 없었다.

　　이것이 바로 태도에 관한 '요셉의 원리'다. 이해할 수 없는 일이 일어났을 때, 즉각적으로 이 '요셉의 원리'를 적용해보라. 항상 긍정적으로 해석하고, 모든 일의 배후에는 하나님이 계시다는 사실을 명심하면 된다. 그러면 환란이 닥치더라도 낙심하지 않을 수 있고, 큰 행운이 찾아오더라도 자만하지 않을 수 있다. 모든 것은 하나님께서 주관하시고 진행하신다.

　　도저히 이해할 수 없는 일이 벌어졌다 해도, 그 사건 뒤에는 하나님이 계신다. 하나님 안에서 사건을 해석해보라. 그러면 기적을 경험할 것이다. 아니, 그런 태도 자체가 바로 우리 인생에 찾아올 '기적'이다.

　　대학 초년생 때 오화섭 교수에게 영어를 배울 때의 일이다. '세상은 아름답다(It's a fine world)'라는 영국의 유명한 수필가

로버트 린트Robert Lindt의 수필을 배웠다. 내용을 한마디로 요약하면, 세상은 보기에 따라 아름다울 수도 추할 수도 있고, 좋을 수도 있고 싫을 수도 있다는 것이다. 사람들은 저마다 자신만의 색안경을 쓰고 세상을 본다는 것이 작가의 이야기였다.

노란 안경을 쓰고 보면 모든 것이 노랗다. 검은 안경을 쓰면 세상이 검고 어둡게 보인다. 우리 마음이 어떤 안경을 쓰느냐에 따라 세상은 다르게 보인다. 비관주의의 안경을 쓰면 세상은 슬프고 짜증스럽다. 그러나 낙관주의의 안경을 쓰면 세상이 아름답고 즐겁고 좋게 보인다. 이런 면에서 린트는 "세상은 아름답다."라는 짧은 구절을 늘 생각하면서 살라고 권한다. 그렇게 살면 세상이 정말 아름다울 수밖에 없다는 것이다. 프레드릭 랭브리지Frederick Langbridge의 말처럼 '두 사람이 똑같이 창밖을 바라보아도 한 사람은 진흙을 보고 다른 한 사람은 하늘의 별을 본다.' 인생살이도 마찬가지가 아닐까?

청운의 꿈을 안고 대학에 입학했던 당시, 어떤 마음으로 세상을 바라보느냐에 따라 세상이 다르게 보인다는 이 말은 나에게 큰 감동으로 다가왔다. 그 후 나는 세상을 긍정적으로 바라보려고 노력했다. 그러나 인간의 근원적인 슬픔과 세상의 어두운 모습, 그리고 고난과 고통으로 점철된 세상의 모든 것을 즐거운 마음으로만 볼 수는 없었다. 세상에서 맞닥뜨린 사건들은 아무리 애써도 즐겁게 바라보기에는 너무나 버거운 것들이 많았다.

인간의 마음가짐을 어떤 방향으로 돌리는 것은, 억지로 노력해서라도 바꿀 수 있겠지만, 그것이 세상을 근본적으로 바꿀 수는 없다. 현실은 혹독했다. 어떤 경우에도 세상을 아름답게 바라보아야 한다는 생각을 하지만, 현실은 결코 그럴 수만은 없다는 의문과 번뇌 때문에 한동안 방황도 했다.

이제 그 시절의 의문에 대한 해답을 얻었다. 예수 그리스도가 답이었다. 그분 안에서 이 세상을 바라볼 때, 모든 환경을 뛰어넘어 평안을 누릴 수 있었다. 그분은 비교할 수 없는 오직 한 분이시다. 그분과의 만남 없이는 결코 이 땅에서 낙관적으로 살 수 없다!

가장 높으신 분의 보호를 받으면서 사는 너는,
전능하신 분의 그늘 아래 머무를 것이다.
나는 주님께 "주님은 나의 피난처, 나의 요새,

내가 의지할 하나님"이라고 말하겠다.

정녕, 주님은 너를, 사냥꾼의 덫에서 빼내 주시고,

죽을 병에서 너를 건져 주실 것이다.

— 시편 91편 1~3절

전능자의 그늘, 이 얼마나 놀라운 말인가. 우리 모두는 전능자의 그늘 아래에 사는 자들이다. 그분은 나의 피난처요, 요새다. 내가 할 일은 《예수 안경》을 쓰고 세상을 바라보는 것이다. 예수 안경을 쓰기 위해서는 믿음이 필요하다. 믿음이 무엇인가. 믿음은 하나님을 원하는 것, 그리고 다른 것은 아무것도 원하지 않기를 바라는 것이다.

비움과 침묵의 현자 토머스 머튼Thomas Merton은 이렇게 말했다.

"하나님과 가까이 사는 것에 만족하고 그 가까움을 느끼고 체험하는, 그런 종류의 삶을 늘 새롭게 하는 사람이 되라는 것이 우리를 향한 그분의 부르심이다."

지금 이 세계에는 새로운 종류의 인간이 필요하다. 그 새로운 종류의 인간은 하나님과 가까이 사는 것에 만족하고 예수 안경을 끼고 세상을 바라보는 사람들이다. 그리스도를 위해 기꺼이 바보가 될 수 있는 사람들이다. 오직 예수 사랑에 겨워 세상을 품는 사람들이다. 안전지대를 박차고 미지의 세계를 향해 나아가는 영적 돈키호테들이다. 힘과 능력으로 사는 것이 아니라 오직 전능자의 그늘 아래 살아가는 별종들이다. 크리스천아카데미는 예수 그리스도의 DNA로 충만한 새로운 종류의 인간을 길러 세상에 내보내는 사명을 갖고 있다. 그 사명을 위해 달려왔다. 앞으로도 달려갈 것이다.

긴 세월을 살아왔다. 물론 사명이 다하는 날까지 나는 또한 살아가며 달려갈 것이다. 지난 세월 동안 수많은 바람들이 불어갔다. 자유의 바람, 지성의 바람, 정의의 바람, 물질과 명예의 바람…. 그 바람들 속에서 환호했고 절망했다. 그러다 홀연히 한 줄기 바람이 내 곁을 스쳐갔다. 그 바람 안에서 나는 비로소 평안을 얻었다.

모든 것은 다 지나갔다. 그렇다. 모든 것은 지나갔다.

오직 그 바람만이 남았다.

예수 바람이다.

예수 바람을 맞으며 나는 늘 기뻤다. 예수 안경을 쓰고 세상을 바라보니 낙관주의자가 되지 않을 수 없었다. 전능자의 그늘 아래 있기에 나는 늘 충만했다. 죽음보다 강한 예수 그리스도의 사랑이 나를 감쌌다. 그 사랑은 인생 여정이 끝날 때까지 나와 함께할 것이다.

우리가 끝까지 의지해야 할 것은 바로 그 사랑이다. 나는 NJUCA를 하나님이 원하시는 멋진 교육공동체로 만드는 데 여생을 바칠 것이다. 내가 원하는 한 가지는 하나님의 사랑이 흐르는 통로가 되는 것이다. NJUCA와 그 안에서 양육되는 수많은 학생들이 하나님의 통로가 되는 것이다. 예수 바람을 맞으며 예수 안경을 끼고 예수 마음을 갖고 예수 소원을 이뤄드리는 통로가 되는 것이다.

그분이면
된다

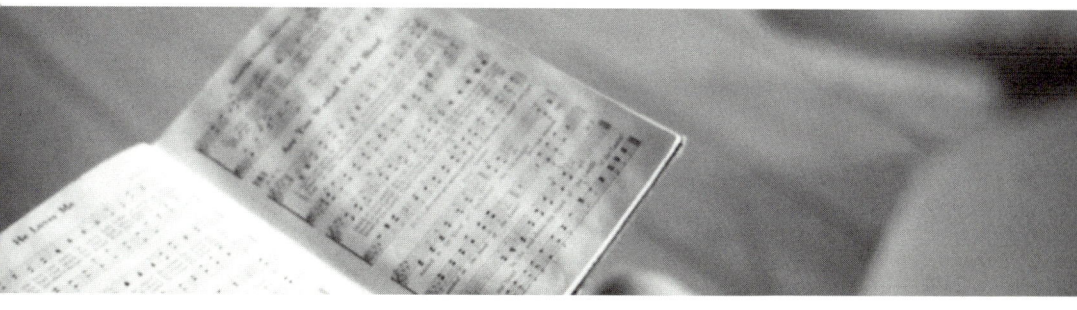

"빌, 이 큰 배는 낡아서 삐걱거리고 이리저리 흔들린다네.
그래서 구토가 날 때도 있지.
하지만 이 배는 목적지까지 잘 간다네.
언제나 그랬고 앞으로도 영원히 그럴 걸세.
자네가 있든 없든 상관없이 말일세."

– J. F. 파워스 J. F. Powers,
《푸르게 돋아난 밀 Wheat That Springeth Green》 중에서

열네 번째 이야기

나이를 먹고 알게 된 것이 있다. 경험이 알려주는 지혜가 지식의 깊은 깨달음보다 더 명확하다는 것이다. 경험에서 나온 지혜는 가진 자들만 아는 비밀스런 겸손이다. 모르는 산 속에서 길을 잃어버려도, 평소에 자주 산에 오르던 사람들은 직감적으로 옳은 방향을 찾아낸다. 그것은 지도와 나침반이 주는 지식이 아니다. 산과 함께 호흡하고 살아온 몸에 새겨진 지혜의 능력이다.

생각해보면, 기독교 학교 설립에 관한 나의 꿈은 아주 오래된 것이었다. 교수 시절부터 '꿈의 학교'를 만들겠다는 꿈을 지

넜다. 당시 나는 부족한 선생이었지만 '가르침'에 대한 기쁨은 누구보다 잘 알았고, 거기 흠뻑 빠져 만끽하고 있었다. 그 기쁨을 노년에도 누리고 싶었다.

예수님을 인격적으로 영접한 뒤에는 더욱더 그 시절이 그리워졌다. 예수 그리스도가 주인 되어주시는 학교를 만드는 것이야말로 인생에서 가장 수지맞는 일이라는 확신이 들었다. '여호와를 경외하는 것이 지식의 근본'이라는 성경의 가르침대로, 철저한 믿음을 기초로 영적 리더를 양육하는 일보다 더 중요한 것이 어디 있겠는가.

이름 하나에도 태산 같은 의미가 있다.

황무지나 다름없었던 수양관의 이름을 '크리스천아카데미'라고 지을 당시만 해도 '아카데미'는 '학문적인 장소'를 뜻하는 은유적 표현에 불과했다. 하지만 NJUCA로 거듭난 아카데미는 진정한 학문의 터가 되었다. 하나님이 주신 마음에 이끌려 그저 믿음으로 이름을 지었던 것인데, 그분은 겨자씨만 한 나의 믿음을 높이 보시고 결국 산을 옮기셨다.

미천한 나의 지식으로는 꿈에도 생각할 수 없는 방법으로 인도해주신 분, 그분이 바로 나의 하나님이시다. 아니, 그분은 크리스천아카데미의 하나님이시다. 그분은 나의 오랜 꿈과 마음의 소망을 외면하지 않으시고 아름다운 학교를 만들어주신 신실하신 하나님이시다.

  내 인생 여정을 뒤돌아보면, 어디에나 늘 신실하신 하나님이 계셨다. 그 하나님을 생각할 때마다 '신실하신 주님'이라는 찬양을 드리지 않을 수 없다.

  기도 들으시는 하나님

  폭풍 속에 내 등불 내 노래이시라

  주의 날개 아래서 내 맘 쉬리니

  신실하신 주님 찬양해

  신실하신 하나님 신실하신 주

  나의 주 하나님은 신실하신 주님

  평화 내려주신 하나님

  나로 고통받는 자를 위로하게 하소서

  나의 평생에 주의 사랑 전하리

  신실하신 주님 찬양해

  신실하신 주 하나님 신실하신 주

  나의 주 하나님은 신실하신 주님

우리 학교가 개교한 지 어언 7년이 지났다. 그동안 학교는 국제 크리스천 스쿨 연합(Association of Christian School International, ACSI)의 정식 멤버가 되었고, 각종 평가고사에서도 우수한 성적을 거두었으며, 많은 졸업생들이 명문 대학에 진학하는 우수한 학교로 발전했다. 그러나 아직 가야 할 길이 많다. 여전히 부족하고 어려움도 많다. 그럼에도 진보는 있다. 조금씩 조금씩 자리를 잡아가고 있다. 아마도 언더우드 선교사가 씨앗을 뿌린 연세 대학교나 스크랜턴 여사의 땀과 눈물이 들어간 이화여자 대학교의 처음 7년도 우리 학교와 비슷했으리라.

학교는 7년 됐지만, 크리스천아카데미와 나는 벌써 20년 이상의 세월을 보냈다. 지난 20여 년간 한 치 앞을 알 수 없는 인생의 여정을 항해하면서 태풍도 만났다. 좌초도 했다. 그럼에도 하나님께서는 든든히 나의 배를 지켜주시고 수리해주셨다.

지금은 많은 학생들과 교사가 그 배에 함께 타고 있다. 달려갈 길이 아직 얼마나 남았는지 나는 알지 못한다. 코끝에서 호흡이 사라질 그 시간은 알 수 없지만, 그날이 올 때까지 주님이 주신 소명에 대한 헌신은 끝이 없을 것이다. 마지막 순간까지 소명의 삶을 살다 가겠다고 매일 다짐한다.

그러나 내가 나의 달려갈 길을 다 달리고,

주 예수께 받은 사명,

곧 하나님의 은혜의 복음을 증언하는 일을 다하기만 하면,

나는 내 목숨이 조금도 아깝지 않습니다.

— 사도행전 20장 24절

생각해보니 지난 20여 년 동안 나 혼자 걸어간 길이 아니었다. 물론 하나님이 계셨다. 그리고 수많은 동역자, 길벗들이 있었다. 그들이 있어서 나는 외롭지 않았다. 그들에게 감사하지 않을 수 없다. 그들의 헌신은 나의 고개를 저절로 숙이게 한다.

내 아내 신전식 장로 역시 나의 가장 큰 동역자요, 친밀한 길벗이다. 그녀는 믿음의 스승이다. 내가 하나님을 인격적으로 만나지 못하고 세상에 빠져 살 때도 아내는 늘 나를 위해 기도했다. 아들을 보내고 짐승처럼 울부짖으며 좌절하던 나에게 하나님의 뜻을 알려주던 현숙한 여인이었다.

그녀는 때론 바위처럼 우직하게 세상과 마주해왔다. 늘 나를 위해 희생했지만, 그것이 자신을 향한 하나님의 뜻이라고 믿음으로 고백하는 착한 성품을 가졌다. 게다가 일흔이 넘은 나이

에 아직도 뉴저지 한인 밀집지역인 포트 리에서 소아과 병원을 운영하고 있다. 충분히 편안하게 살 수 있는데도 희생의 삶을 자원한 아내가 자랑스럽다.

돈을 모아 편안한 삶을 살게 해주지 못하고 가진 것이라면 뭐든지 학교를 위해 써버리는 가난하고 철없는 남편을 둔 까닭에, 그녀는 아직도 현역으로 일을 해야만 한다. 그럼에도 이제 곧 육체적으로 은퇴할 때가 온다. 인생 말년을 행복하게 지내기 위해서는 노후준비를 잘해야 한다는데, 나는 금전적으로는 아내에게 '빈털터리' 노후밖에 선물할 수가 없다. 그것을 생각하면 늘 미안하다.

하지만 아내는 알고 있다. 우리가 달려갈 그 길, 우리의 사명, 영원한 하나님 나라의 소망이 전망 좋은 집과 윤택한 삶, 안락한 노후보다 훨씬 가치 있다는 것을 말이다.

우리의 노후준비는 헌신이다!

내가 사고 치듯 일을 벌일 때마다 묵묵히 하나님 앞으로 나아간 아내는 지금까지 반석 같은 믿음으로 크리스천아카데미를 위한 가장 강력한 후원자가 되어 나와 학교를 함께 섬겨왔다. "여보, 나는 이렇게 생각해요."라는 말보다 "여보, 예수님이라면 어떻게 하셨을까요?"라고 말하는 아내는, 내가 세상일을 버리고 섬기는 삶을 시작하겠다는 다짐에 큰 박수를 보내주었다. 낙담할 때마다 용기를 심어주었고, 그 뜻을 지킬 수 있게 끊임없이 지원해주었다. 허허벌판 같았던 크리스천아카데미가 지금 같은 아름다운 평원으로 바뀌기까지 아내의 지원은 어두운 밤을 밝혀주는 발전기와 같았다.

선한 의사 신전식 장로. 아내는 내 인생의 보물이요, 나의 소망이었다.

여보, 감사하오.

2011년, NJUCA는 또 한 번 변화의 문턱에 서 있다. 세계적인 변화의 물결은 우리 학교를 그냥 지나치지 않았다. 경기침체로 운영상 어려움이 적지 않다. 변화를 꾀해야 할 시기가 됐다. 하지만 세상의 고난이 올 때마다 나는 미소를 짓는다. 고난 가운데 역사하시는 하나님을 경험했기 때문이다.

고난을 피하지 않고 '통과하는 법'을 배우면 고난은 전혀 다르게 다가온다. 지금 우리는 고난을 통과하고 있다. 포기하고 싶을 때마다 하나님을 찾는다. 그분의 말씀에 귀 기울인다. 그분이 누구신가. NJUCA의 설립자이시다. 교장이시고, 이사장이시고, 선생이시다. 그러니 어찌 고난을 겁내랴.

NJUCA라는 배가 이제껏 이리저리 흔들렸고, 앞으로도 흔들릴 수 있다는 것은 자명하다. 아직 크리스천아카데미라는 땅은 불완전하고 그 안에 있는 사람들은 여전히 부족한 죄인이기에, 고난과 역경의 파도를 뚫고 가다 보면 구토가 날 때도 있을 것이다. 그러나 중요한 사실이 하나 있다. 결국 이 배는 목적지까지 갈 것이라는 사실 말이다. 내가 있든 없든, 동역자들이 끝까지 인내하고 지원하든, 배반하고 외면하든 상관없이.

이 배에는 위대한 캡틴이 계시기 때문이다.

그 선장의 이름은 전능하신 여호와 하나님이시다!

그분이면 된다.

나는 오직
하나님의 통로일 뿐이다

나의 간절한 소망은 '하나님의 사람'으로 사람들에게 기억되는 것이다.
크리스천아카데미는 오직 통로일 뿐이다. 나 역시 통로다.
구름 같은 하나님의 사람들이 배출되는 통로로 크리스천아카데미가
사용되는 것이 내 유일한 꿈이다.

내가 우리 학생들에게 꼭 묻는 게 있다.

"너희는 어떤 사람으로 기억되기를 바라니?"

아니, 스스로 내게 묻는다.

"나는 어떤 사람으로 기억되기를 바라는가?"

이제 살아갈 날이 살아온 날보다 훨씬 적게 남았다. 인생의
사계절 중에 겨울을 맞이했다. 엄연한 현실이다. 나는 과연 어
떤 사람으로 기억될까? 누군가에게 단 한 순간이라도 가슴 따

뜻했던 사람으로 기억될 수 있을까? 나의 코끝에서 호흡이 멈 춰지는 순간, 사람들은 '신정하'라는 이름을 통해서 무엇을 기 억할까?

지사장 시절 나는 명함을 통해서 사람들을 기억했다. 명함은 사업을 위해서 아주 중요한 수단이었다. 인생은 명함에 한 줄 한 줄 채워 넣는 과정인 셈이다. 지난 인생을 생각해보니 내 명 함의 앞면에는 비교적 그럴싸한 직함들로 채워져 있었다. 명문 대 졸업, 대학교수, 대기업 지사장, 장로, 크리스천아카데미 이 사장….

명함에 그럴듯한 한 줄을 넣기 위해서 얼마나 많은 세월 동 안 소소한 행복들을 포기하며 분투하고 노력했던가. 출신대학 타이틀 하나를 따기 위해서 나 역시 울며 씨를 뿌렸다. 교수로, 경영자로 성공하기 위해서 땀을 쏟았다. 내 이름에 부끄럽지 않기 위해서, 내 이름을 위해서 노력한 시절이었다.

그런데 생각해보니 내가 이 땅을 떠날 때 사람들은 내 명함 의 앞면에 기록된 것들을 기억할 것 같지 않다. 지난 세월 동 안 내가 얻기 위해서 그토록 노력했던 그 명함의 한 줄을 지금 나는 전혀 기억하지 못하는 경우도 있다. 그러니 다른 사람들인들 그것들을 어찌 기억하겠는가.

나이가 들면서 몸은 노쇠해지지만, 더욱 선명해지는 것들이 있다. 그 가운데 하나가 사람들은 결코 명함의 앞면으로 타인을 기억하지 않는다는 사실이다.

경영의 대가 피터 드러커는 먼저 자신이 어떤 사람으로 기억되기를 바라는지에 대해 스스로 질문해야 한다면서, 그 다음으로는 늙어가면서 그 대답을 바꿔야 한다고 말했다. 성숙해지면서, 또한 세상의 변화에 맞춰 대답이 달라져야 한다는 것이다. 《명함의 뒷면》이라는 책에서 저자 마이크 모리슨Mike Morrison 박사는 이렇게 묻는다.

> 내가 가진 자부심의 원천이자, 죽어라 달려온 모든 타이틀을 다 떼어내고 난 후에도 '나'는 과연 '나'일까? 명함 앞에 인쇄된 글씨들이 모두 사라진다고 해도 지금과 똑같은 모습으로 살아갈 수 있을까? 모든 타이틀을 떼어 버린다면 무엇을 생존의 무기로 삼을 것인가? 지금 당신의 명함 뒷면에는 무엇이 있는가?

모리슨 박사는 명함 뒷면에 쓰여 있는 것이 한 사람의 진정한 가치라고 말했다. 다함이 없는 사랑, 견딜 수 없는 가운데서도 끝내 견뎌내는 인내, 절체절명의 위험에서 자신을 기꺼이 내어줄 수 있는 희생정신, 따스함, 타인에 대한 관용 등등. 중요한 것은 사람들이 명함의 앞면보다는 뒷면을 기억한다는 것이다.

행위(doing)보다는 존재(being)다. 누군가에게 기억되기를 원한다면 이 명함의 뒷면을 잘 가꿔야 한다. 앞면을 채우기 위해 내달리다가는 뒷면에서 상당한 약점을 보일 수 있다.

살아보니 40대까지는 명함의 앞면이 중요하게 여겨진다. 학력과 경력, 배경은 일상의 삶을 사는 데 적지 않은 영향을 준다. 그러나 50대에 들어서니 점차 달라졌다. 명함의 앞면에 적힌 것과는 다른 가치들이 내 삶을 좌우했다. 모든 것이 점차 평준화되었다.

'평준화 법칙'이란 게 있다. 40대는 욕망의 평준화다. 누구나 가족을 먹여 살리고 성공을 거두기 위해서 발버둥질한다. 50대는 지식의 평준화다. 학력 차이는 별로 문제될 것이 없다. 60대는 외모의 평준화다. 미스코리아 출신이나 식당 아줌마나 다 그 얼굴이 그 얼굴이다. 70대는 성의 평준화다. 남편과 아내가 있으나 성별의 차이는 별로 중요하지 않다. 80대는 부의 평준화다. 이 시기에는 하루 세 끼면 충분하다. 90대는 생사의 평준화다. 죽은 자와 산 자의 경계가 모호해진다. 100대는 자연 속의 평준화다. 죽으면 모두 한 줌의 흙으로 변한다.

이처럼 모든 것은 평준화된다. 평준화되는 것들은 흔하다. 그러니 기억되지 않는다. 아무도 기억해주지 않는 것들을 위해서 아등바등 사는 것은 인생에 대한 예의가 아니다. 어린 시절부터 이 같은 인생의 비밀을 알았더라면, 매순간을 좀 더 의미 있게 보냈을 것이다.

나의 간절한 소망은 '하나님의 사람'으로 사람들에게 기억되는 것이다. 크리스천아카데미는 오직 통로일 뿐이다. 나 역시 통로다. 구름 같은 하나님의 사람들이 배출되는 통로로 크리스천아카데미가 사용되는 것이 내 유일한 꿈이다.

그러나 더욱 바라는 것은, 사람들에게 잊히더라도 하나님께 기억되는 것이다. 사도 바울과 같이 하나님의 나라에 올라갔을 때 그분에게 발견되는 것이다. 그뿐이다.

감사의 글

모두가 하나님이 보내주신
귀한 선물이었다

감사가 몸에 밴 사람, 감사 DNA가 세포 속에 장착된 사람들에게는
비밀이 있다. 자신에게 일어난 모든 것이 하나님의 은혜와 축복임을
인식하는 것이다. 그런 사람은 범사에 감사할 수 있다. 흥할 때는 흥한 대로,
망할 때는 망한 대로 감사할 수 있는 것이다.

미국인들은 "Thank you!(고맙습니다)"란 말을 입에 달고 산
다. 평생 이 '땡큐'만 잘해도 성공한 인생을 살 수 있다. 지난
시절을 생각해보니 나 역시 도처에 감사할 것으로 그득하다.
물론 단장을 에는 것과 같은 쓰라린 시간도 있었다. 시시때때
로 모든 것을 잃어버렸다고 생각할 때가 있었다. 특히 큰아들
조셉이 불의의 사고로 세상을 떠났을 때 나는 모든 것을 잃어
버린 가련한 아버지와 같았다. 상처는 영원히 남아서 내 인생
전체를 갉아먹을 것만 같았다. 그러나 그것으로 끝나지 않았다.

비록 조셉은 이 땅을 떠났지만 제2의 조셉, 제3의 조셉이 나를 "아버지"라고 부르면서 따르고 있다. 그들이 내게 주는 행복이 있다.

미국에 건너온 뒤 사업실패로 젊은 시절에 이룬 모든 것이 사라졌을 때도 끝이 아니었다. 새로운 길이 열렸다. 만약 내가 승승장구한 삶만 살았더라면, 지금 간직한 신앙의 기쁨을 절대로 발견할 수 없었을 것이다.

NJUCA와 함께 세월이 흐르면서, 나에게는 나이 먹는 것에 대한 아련함이 있었다. 자꾸 시간이 지나가는 것이, 사실 아쉬웠다. 삶의 자리에서 죽음을 생각하니 처연해졌다. 그러다 어느 날 거꾸로 생각하게 됐다. 이젠 삶의 자리에서 죽음을 바라보는 것이 아니라 죽음의 자리에서 삶을 바라본다. 그러자 삶이 곧 은혜라는 사실을 깨닫게 되었다. 꿈이 있는 한, 나는 청춘이었다. 경험을 나눌 수 있는 공간이 있고, 더불어 살아가는 사람들이 있다는 것은 행운이었다.

인생은 어김없이 희로애락으로 점철되며, 인생의 사계절은 반드시 반복된다. 기나긴 겨울이 있기에 봄은 더욱 아름답다. 데살로니가 전서에 나온 '범사에 감사하라'는 말은 그야말로 삶의 모든 환경 속에서 감사하라는 것이다. 무화과나무가 말라 비틀어지고, 포도나무에 썩은 포도알밖에 없을 때도 감사하라는 '명령'이다.

감사가 몸에 밴 사람, 감사 DNA가 세포 속에 장착된 사람들에게는 비밀이 있다. 자신에게 일어난 모든 것이 하나님의 은혜와 축복임을 인식하는 것이다. 그런 사람은 범사에 감사할 수 있다. 흥할 때는 흥한 대로, 망할 때는 망한 대로 감사한다. 주님과의 만남이 없다면 아무리 흥한다 하더라도, 억만금을 벌어도, 가장 높은 자리에 올라도, 감사할 수 없는 인색한 사람이 된다.

부족한 인생이었지만 다시 생각해도 감사할 것들이 정말 많다. 무엇보다 내 아내에게 고맙다. 아내가 있는 것 자체가 감사하다. 지금까지 나와 살아준 것이 감사하다. 과분한 사랑을 받고 있기에 감사하다. 이 나이까지 아내와 함께 이야기하고 놀 수 있어서 기쁘다. 위대한 삶의 비결은 참으로 간단하다는 것을, 세월이 지날수록 몸소 깨닫는다. 그것은 아내를 사랑하고 자녀를 아끼는 것이다. 함께 감사의 삶을 사는 것이다.

그동안 수많은 사람들이 NJUCA를 위해 피와 땀과 눈물을 흘렸다. 뉴저지연합교회 식구들, 참사랑참교육 회원들, 일일이 호명할 수 없지만 내 마음 깊숙하게 자리 잡은 동역자들, 우리 학교 교직원들, 졸업생들, 학부모님들, 학생들, 그리고 가족들….

큰아들 조셉은 내 곁을 떠났지만 여전히 내게는 사랑하는 아내와 둘째 아들 샘, 며느리 레이노, 손자 승주(주님이 승리하신다는 뜻이다)이 있다. 그리고 크리스천아카데미의 수많은 아이들이 있다. 그들을 사랑하고, 그들과 더 많은 시간을 갖는 것이 나의 사명이다. 그것이 나의 기쁨이고, 그런 삶이 주어졌다는 것이 감사하다.

내 모든 것을 던질 수 있는 좋은 교회를 주신 것, 믿음의 동역자들과 만나고 그들과 함께 살게 된 것, 한국과 미국의 좋은 점들을 여러모로 활용할 수 있게 된 것, 여전히 건강한 것, 할일이 남아 있는 것 등 감사의 조건들은 끝이 없다.

나는 우리 학교 아이들 역시 감사하는 사람이 되기를 소망하며 기도한다. 그들이 작은 일에 감사하며 매일 '감사의 조건'을 창조하는 사람들이 되기를 간절히 바란다. 인생의 마지막에 "다 필요 없어. 헛살았어."라고 말하지 않는 것, "모든 것이 의미 있었어. 감사했어."라고 말하는 것이 나의 염원이다.

모두에게 감사한다. 그들 모두가 하나님이 보내주신 귀한 선물이었다. 그들은 통로였다. 나는 혼자가 아니었다. 앞으로 더 많은 사람들이 크리스천아카데미와 연결되리라. 그리고 이 아름다운 동산을 거쳐 간 수많은 작은 예수들이 묵묵히 세상을 바꾸고 있으리라!

은혜가 가득한 NJUCA에서

지은이 신정하

부록

하나님의 학교,
NJUCA에 관한 생생한 증언들

편집자 주

NJUCA에 관해 좀 더 많은 것을 궁금해 할 독자들을 위해 자세한 학교 소개와 학부모,
재학생, 졸업생, 교사들의 글을 부록으로 엮었습니다.

하나님의 학교,
NJUCA를 소개합니다!

    NJUCA는 2004년 9월 '기독교 영재교육을 통해 세상을 변화시킬 인재들을 양성한다'는 목표를 실현하기 위해 문을 열었다. 세계 160개국 5,000개 이상의 학교들이 회원으로 가입되어 있는 ACSI(국제 크리스천 스쿨 연합)의 정식 회원학교로, '여호와를 경외하는 것이 지식의 근본'이라는 말씀 아래 성경적 진리에 근거한 튼튼한 학업 프로그램을 제공하는 중·고등학교다.

    기독교 정신을 바탕에 둔 미래의 리더들을 길러내는 것이 설립목적이며, 학문적 열정(Solid Academic), 성경적 진리(Biblical Truth), 크리스천 리더십(Christian Leadership) 개발을 교육목표로 삼아, 그리스도의 사랑이 충만한 가운데 가정과 교회, 나라와 민족, 세계와 평화를 위해 사역하며 섬기는 지도자를 양육한다.

한창 감수성이 예민한 시기의 학생들에게는 인성교육이 절실함에도 불구하고, 일반학교에서는 제대로 교육하기 어려운 것이 사실이다. NJUCA는 크리스천 '특수', '소수', '정예' 교육을 통해 지성, 감성, 영성을 두루 갖춘 장래의 크리스천 리더들을 길러내는 것을 목표로, 교과과정 중심의 교육보다는 학생 각자가 가지고 있는 달란트를 발견하고 일찍부터 그것을 발전시키는 데 주안점을 둔다.

:: NJUCA는 크리스천 '특수', '소수', '정예' 교육을 지향한다.

수준 높은 교과학습 커리큘럼

NJUCA는 미국 뉴저지 주정부의 요건을 충족시키는 교과 프로그램을 제공한다. 교과학습 커리큘럼은 대학 진학은 물론이고, 의미 있는 삶에 반드시 필요한 사고력과 분석력을 키우도록 구성되었다.

NJUCA 학생들은 각종 평가고사를 통해 자신들의 실력을 점검한다. 매년 치르는 '스탠퍼드 평가고사'는 연방정부와 뉴저지 교육부가 정한 학력기준을 충족하고 있는지 여부를 측정하는 테스트다. 또한 ACSI 회원학교 학생들을 대상으로 치르는 수학능력 평가고사를 통해 자신들의 학업성취도를 파악하게 되는데, NJUCA는 매년, 특히 수학 부문에서, 미국 동부지구 최상위권에 랭크되는 쾌거를 올리고 있다.

학생들은 진학지도 상담교사와 자주 면담을 하며 학업성취도를 분석하고 진학하고자 하는 대학과 전공을 구체적으로 정한다.

특히 영어가 부족한 한국 유학생들은 유학 초기부터 학교생활에 완전히 적응할 때까지 ESL 수업을 받을 수 있고, 또한 방과 후에도 교직원들로부터 과제물과 학과공부에 대한 도움을

:: 학생들은 교사들과 자주 면담을 하며 학업성취도를 분석한다.

받을 수 있다. 토요일에는 SAT(미국수학능력시험) 클래스가 개설
되어 SAT 특강을 들을 수 있다. 명문 펜실베이니아 대학에 재
학 중인 대학생들이 이 클래스를 직접 이끌어가고 있다.

 이러한 학교와 학생들의 노력은 대학입시 성과를 통해 나타
나고 있는데, NJUCA는 짧은 역사에도 불구하고 지금까지 수
많은 졸업생들을 미국 전역의 여러 명문 대학에 진학시켰다.
많은 졸업생들이 버지니아 대학, 뉴욕 대학, 로드아일랜드 디자
인 스쿨, 일리노이 대학(회계학과), 매릴랜드 대학, 러트거스 대
학 약대, 워싱턴 대학, 미네소타 대학, 펜실베이니아 주립대학,

텍사스 대학, 시라큐스 대학, 위스콘신 대학, 템플 대학, 뉴욕 시립대, 퍼듀 대학, 드렉셀 대학, 아이오와 대학, 매사추세츠 약대, 뉴욕 주립대 약대, 노스이스턴 대학, 조지 매이슨 대학, 리버티 대학, 필라델피아 성경 대학(Philadelphia Biblical University), 서강 대학교, 한동 대학교 등 유수의 명문 대학으로부터 입학허가서를 받거나 진학했다.

열정을 발산할 수 있는 특화된 리더십 교육

NJUCA 교육의 특징은 학습능력을 신장시키고, 성경적 진리에 기반을 둔 리더십 양성에 주력한다는 것이다. 미래의 지도자로서 갖추어야 할 필수적인 요소들을 훈련받게 된다. 학생들이 성인이 되어 세상에 나아갔을 때, 세상을 변화시킬 능력을 갖출 수 있도록 훈련시키는 것에 중점을 두고 있다.

NJUCA 학생들은 주 1회 리더십 클래스에 참석하는데, 강력한 통솔력을 갖는 리더로 성장할 수 있는 다양한 학습활동을 체험한다. 팀빌딩team building, 대인관계, 퍼블릭 스피킹(public speaking, 연설), 비전 세우기, 전략적 계획 수립, 커뮤니케이션 스킬 개발 등을 배우며 주변 사람들에게 영향력을 가질 수 있는 리더로 성장하게 된다.

이외에도 '자치학생회' 제도를 통해 학생들 스스로 학교 내외의 행사들을 결정하고 진행한다. 각종 특별 행사 개최와 모금 프로젝트를 통해 자치학생회의 살림운영을 배운다. 학생들은 또한 SWAT(Spiritual Worship and Teaching Team) 활동을 통해 학내의 모든 신앙 관련 프로그램과 활동에 대한 결정을 내리게 되며, 실제로 프로그램을 운영해봄으로써 스스로 배우고 성장한다.

이 밖에도 학생들은 그들이 가지고 있는 각 분야의 관심사에 대한 '패션그룹' 참가를 통해, 각자가 가지고 있는 특정 분야에 대한 열정을 발산하게 되며 리더십 클래스에서 배운 스킬들을 적용해볼 수 있는 기회를 갖는다.

성경적 세계관을 다지는 영성 교육

진리의 근원인 성경을 공부하는 것은 지식을 공부하는 것 이상으로 중요하다. NJUCA에서는 성경공부, 채플을 통한 기독교 교육이 학교의 모든 학습 프로그램과 활동의 근간이 된다. 학생은 채플과 헌신의 시간, 성경공부, 기도모임 등을 통해 신앙적 성장의 기회를 갖는다. 특히 한국에서 온 유학생들은 매주 월요일마다 신정하 이사장과 나눔의 시간을 갖고 1대1 성

:: 학생들은 성경공부, 기도모임 등을 통해 신앙적 성장의 기회를 갖는다.

경공부 등을 하며 학교의 꿈과 비전, 교육철학을 공유한다. 또한 연 2회 실시되는 수련회를 통해 하나님과 자신들과의 관계를 재정립하며 학업과 인생의 목표에 관한 도전을 고민한다.

또한 선교주간의 미션트립을 통해 해외, 혹은 미국 내 다른 주(주로 애리조나 주), 그리고 학교 근처 지역사회에서 봉사와 선교활동에 참가한다. 학교에서 신앙교육을 통해 배운 것들을 이웃에 적용해볼 수 있는 기회로 활용된다.

그 외에 매년 정기적으로 아이비리그 및 명문 대학을 탐방하는 캠퍼스 투어를 하고, 워싱턴 D.C.나 보스턴 등을 여행하기도 한다. 지리적으로 뉴욕과 가까워서 가끔 브로드웨이에서 뮤지컬을 관람하거나, 식스플래그(Six Flags, 롤러코스터 전문 테마파크) 놀이공원을 방문하기도 한다.

　방과 후에는 축구, 농구, 배구, 소프트볼, 탁구, 테니스, 수영 등을 통해 체력을 단련시킨다. 악기를 다루는 학생들은 앙상블 활동과 각종 정기 및 자선 연주회를 통해 자신의 재능을 발휘한다. 또한 주말을 이용해 미국인 학생들의 집에 방문해 우정을 나누기도 한다.

홈페이지 www.njuca.org / 전화번호 1-609-738-2121

:: NJUCA는 지성과 감성, 영성이 골고루 조화를 이룬 교육을 지향한다.

뉴저지에 뿌려진
믿음의 씨앗

정성령

NJUCA 졸업생, 매사추세츠 약대 3학년 재학중
논현 사랑의교회 정천성 목사의 장녀

2005년, 나는 뉴저지로 건너갔다. 고작 중학교 1학년, 열네 살이었다. 당시 NJUCA는 아직 졸업생도 없는, 개교한 지 얼마 안된 작디작은 신생학교일 뿐이었고, NJUCA에 대한 무슨 확신이 있었던 것도 아니었다. 그럼에도 불구하고 부모님이 나를 그곳에 보낸 이유는 오직 하나. NJUCA 이사장인 신정하 박사님에게서 철저히 하나님만 의지하려는 '종의 마음'을 보셨기 때문이었다.

하지만 당시 주위 사람들은 한결같이 나의 뉴저지행을 반대했다. 이왕 갈 바에는 역사도 오래되고 시설도 더 좋은 학교를 선택하라고 부모님을 말렸다. 모두 맞는 이야기였지만, 목사와 사모인 우리 부모님은 믿음의 눈으로 신 박사님과 학교를 보았다. 신 박사님이 말한 그대로 '예수 안경'을 쓰고 보았다. 그러면서 이렇게 생각하셨다고 한다.

'누군가가 이 학교를 위해 희생하는 한 톨의 씨앗이 되어야겠구나. 연세대와 이화여대 같은 한국의 명문 크리스천 학교들도 처음에는 환경에 굴하지 않고 오직 믿음의 발걸음을 내딛은 씨앗들이 있었을 텐데….'

나는 뉴저지에 뿌려진 믿음의 씨앗이 된 셈이다. 우리 부모님이라고 해서 왜 걱정이 없었겠는가, 왜 더 좋은 곳으로 보내고 싶은 욕심이 없었겠는가. 하지만 오직 믿음으로 나를 뉴저지로 보내셨다. 물론 그 결단에는 신 박사님과의 만남이 결정적으로 작용했다. 믿음의 사람 밑에서 받는 훈육이야말로 어떤 교육보다 더 중요하다고 판단하셨다.

어린 나이에 머나먼 이국땅에서 홀로 지내기란 결코 쉬운 일이 아니었다. 아직 분별력은 없고 두려움만 많았던 시기였으니까. 특히 나는 성격도 내성적인 편이어서, 출국 전부터 '과연 내가 혼자서 잘 적응할 수 있을까?' 하고 굉장히 걱정했었다.

하지만 NJUCA에 가보니 걱정할 필요가 없었다. 그곳의 모든 사람들이 한국에서 날아온 조그만 체구의 나를 진심으로 반

갑게 맞아주었다. 등교 첫날 미국인 백인 아이들이 나를 신기한 듯 쳐다보며 했던 "So cute!(정말 귀엽네!)"란 말이 아직도 귀에 생생하다.

　NJUCA는 내가 입학하던 2005년부터 한국인 유학생을 받기 시작했다. 10여 명의 한국 학생들이 나와 함께 뉴저지에 갔다. 처음 그곳에 도착했을 때 NJUCA와 주변의 풍경은 너무나 목가적이어서 저절로 평화로움이 느껴졌다.

　작은 공동체에서 함께 생활하면서 우리는 하나가 되었다. 지금도 그 첫해에 함께했던 친구들과 선생님들, 교직원 선생님들이 그립다. 매일 고생스럽게 맛있는 밥을 해주신 손 집사님 부부, 심심한 우리를 위해 게임기를 설치해주신 데이비드 선생님, 밤마다 여자 기숙사에서 우리와 함께 QT를 하신 조이너 선생님, 그리고 한나 선생님, 헌신적이고 진실하던 미국인 교장 선생님과 각 교과목 선생님 등등…. 생각해보면 크리스천아카데미를 위해서 정말 많은 분들이 땀과 눈물을 흘렸다. 그분들이 모두 NJUCA에 뿌려진 믿음의 씨앗들이었다. 처음 갔을 때 영어도 제대로 못했던 나는 그분들 덕분에 무사히 졸업도 하고 내가 원하는 진로를 찾아 좋은 대학에도 갈 수 있었다.

4년 동안 나는 NJUCA에만 머무르지 않았다. 미션트립을 위해 수많은 나라를 다녔다. 독일, 프랑스, 덴마크, 멕시코, 코스타리카, 영국, 이탈리아 등등…. 그 미션트립을 통해 나는 세계를 품는 크리스천이 되었다. 나뿐만 아니라 이 땅의 모든 사람들을 위해 기도하기 시작했다. 한국을 떠나 외롭기도 했지만 나는 그곳에서 새로운 믿음의 친구들을 사귀었다.

무엇보다 나는 하나님과 친해지게 되었다!

학교에서는 노력만 하면 한국과 미국의 장점을 모두 활용할 수 있었다. 저녁마다 맛있는 한국 음식을 먹을 수 있었던 것도 좋았다. 학교 규모가 크지 않기 때문에 학생이 원하는 클럽을 쉽게 만들 수 있었다. 내 경우는 양로원 봉사활동 클럽을 만들어 왕성히 활동했다. 그리고 그 클럽활동 이력은 대학교 원서를 쓸 때 장학금을 받을 수 있었던 중요한 요인이 되었다.

짧은 글을 통해 내가 가장 하고 싶은 이야기는, NJUCA가 학생들이 영적으로 성숙할 수 있는 매우 특별한 학교라는 사실이다. 나는 이 사실을 미국 대학문화의 중심인 보스턴에서 수많은 대학생들을 만나 절감하게 됐다. 미국의 대학문화는 무척

개방적이다. 학생들이 모인 자리마다 술, 담배, 마약, 음란한 파티들이 퍼져 있다. 나는 그런 모습들을 보면서 상당히 강한 거부감을 느낀다. 조금이라도 그런 장소에 가면 죄책감을 느낀다. NJUCA라는 아름답고 평화로운 곳에서 소중한 10대 시절을 보낸 영향도 있을 것이다.

그러나 무엇보다 하나님의 사랑으로 교육을 받으면서, '나는 하나님의 사람'이라는 확고한 의식이 세포 하나하나에 박혔기 때문인 것 같다. 생각과 가치관이 확립되는 청소년기에 NJUCA에서 순수하고 건강한 사람들과 환경을 접할 수 있었던 것은 내 인생의 큰 행운이었다. 그것이 나의 기본이자 바탕이 되었기에, 이제 나는 아무리 찌든 곳에 가더라도 '하나님의 자녀'라는 흔들리지 않는 가치관을 중심에 쥐고 살아갈 수 있을 것이다.

NJUCA를 떠나 보스턴에서 바쁜 대학생활을 보내는 지금까지도 늘 신 박사님과 선생님들을 그리워하고 있다. 신 박사님은 첫째 아버지인 하나님과 한국의 둘째 아버지에 이은 나의 '셋째 아버지'이시다. 우리 친구들 모두 그렇게 부른다. 그리고 신 박사님은 셋째 아버지면서 내 인생의 멘토다. 그분은 삶

자체로 내게 인생을 어떻게 살아야 하는지 보여주셨다. 첫째와 둘째, 셋째 아버지를 생각하면, 나는 그냥 아무렇게나 살 수가 없다. 그분들의 기대대로 살아야 한다는 일종의 책임감을 느끼기 때문이다.

한국에 계속 있었더라면, 어쩌면 나는 그저 간신히 대학에 들어가 평범한 삶을 살았을지도 모른다. 그런 나에게 NJUCA에서의 4년은, 과거에는 감히 꿈꾸지 못할 인생을 선사해주었다. 2005년 수많은 고민 끝에 뉴저지행을 결정한 나는, 지금 세계의 지성들이 모인 보스턴에서 약대생으로 미국 학생들과 경쟁하고 있다. 부모님은 신생학교인 NJUCA에 딸을 '한 톨의 씨앗'으로 보내면서 남몰래 눈시울을 붉히셨다. 그러나 그것은 희생이 아니었다. 정말 탁월한 투자였다. 사랑하는 아빠엄마, 정말 감사해요!

나는 앞으로도 신 박사님과 선생님들의 가르침대로 안전지대를 박차고 나와 오직 사랑을 실천하기 위해서 세계로 나아갈 것이다. 이름 모를 수많은 사람들이 NJUCA를 위해 중보기도를 하는 것과 같이 나 또한 이제부터 학교와 후배들을 위해서 기도할 것이다.

내게 NJUCA는 그리움의 장소이자 사랑의 장소다. 믿음의 뿌리를 내린 영의 장소이고, 꿈과 기적의 장소다. 앞으로 혹시라도 인생이 힘들어질 때 반드시 생각해야 할 장소다. 그리고 무엇보다 첫째 아버지, 하나님이 기뻐하시는 곳이다. 이것이 4년을 그 소박하지만 위대한 장소에서 살았던 나의 고백이다.

엄마의 걱정과 의심과 불안까지 모두 잠재운 NJUCA

김은정 권사

NJUCA 졸업생 스테파니 정의 어머니

우리 딸 스테파니는 두 살 때 미국으로 와서 미국 초등학교와 중학교에 다녔다. 뉴저지 버겐카운티에서 가장 좋은 고등학교 중 하나인 테나플라이 고등학교에 입학해 잘 다니고 있었다. 그런데 9학년이 된 어느 날, 갑자기 학교를 옮기고 싶다고 했다. 우리 부부는 깜짝 놀라서 왜 그러느냐고 이유를 물었다. 스테파니는 이렇게 말했다.

"학교에서 친구들이 원하는 대로 같이 어울리자니, 교회에서 배우는 것과 너무 달라요. 그렇다고 친구들과 어울리지 않고 교회에서 배운 대로 하면 왕따되니까…. 그런 일이 자꾸 생겨서 너무 괴롭고, 학교 가기가 싫어요."

그때 남편이 "그럼 NJUCA로 전학을 가면 어떻겠니?" 하고 권면했다. 하지만 스테파니는 현재 자신이 다니는 테나플라이 고등학교와는 너무 다른 곳이라는 점 때문에 쉽게 결정을 내리지 못했다.

전학에 관해 고민하던 중, 스테파니는 뉴저지연합교회의 중남미 단기 선교여행에 참여하게 되었다. 그때 스테파니는 선교여행에 가서 하나님께 NJUCA로 가야 하는지 말아야 하는지 물어보겠다고 했다.

선교여행을 다녀온 스테파니는 NJUCA로 가는 것이 하나님의 뜻인 것 같다고 이야기했다. 그런데 여전히 걱정과 불안이 사라지지 않았는지, 자신이 응답을 제대로 받은 것인지 모르겠다며 남편에게 한 번 더 하나님께 물어봐달라고 했다. 그러고는 남편과 함께 우리 집 다락방에 있는 기도실로 올라갔다.

기도를 마친 후, 남편은 스테파니에게 "하나님께서는 우리 스테파니가 NJUCA로 가길 원하시는구나."라고 확고하게 이야기해주었다. 그 후로 스테파니는 더 이상의 고민도 망설임도 없이 전학을 결심하게 되었다.

2005년 8월 바로 짐을 챙겨서 NJUCA로 자신 있게 출발했다. 스테파니는 씩씩하게 웃으며 새 학교로 갔지만, 엄마인 나는 전혀 웃을 수가 없었다.

10학년(고등학교 1학년)밖에 안 된 아이를 기숙사에 떨어뜨리고 와서는 거의 한 달은 밤마다 울었던 것 같다. 걱정되고 안쓰러운 마음에 울었고, 그곳으로 가라고 권유한 남편이 밉고 원망스러워서 울었다.

다른 좋은 학교들을 다 놔두고 왜 하필 그 학교에 가야 한단 말인가? 인생을 좌우하는 이 중요한 시기에, 거기서 공부는 제대로 할지, 기숙사 생활이 불편하지는 않을지, 먹는 건 제대로 먹을지, 혹시 나쁜 친구들을 만나지는 않을지, 선생님들은 실력이 좋을지, 가족과 떨어져 지내는 게 말처럼 쉬울지…, 모든 것이 모험 같았고, 죄다 걱정스러웠다.

나의 온갖 걱정근심에도 불구하고, 남편과 아이 본인이 원하는 바를 꺾을 수가 없었다. 두 사람에게는 하나님의 인도하심이라는 강력한 믿음이 있었던 것 같다. 속은 상했지만, 나 역시 아이를 보낼 수밖에 없었다. 정말 하나님께서 내 딸을 위해 예비해주신 길일지도 모른다는 작디작은 믿음이 마음 깊숙한 곳에서부터 고개를 내밀었기 때문이다.

그런데 NJUCA에서의 시간이 석 달, 넉 달 지나갈수록 스테파니의 얼굴에서, 또 마음에서 감사와 평안의 향기가 묻어나기 시작했다. 공부도 무척 재미있어하고 가족 같은 분위기의 기숙사 생활도 매우 즐거워했다. 특히 크리스천으로서의 자유함을 느낀다며, NJUCA가 정말 좋다고, 이전에 다녔던 학교와는 비교도 안 된다고 이야기했다. 스테파니는 서서히 NJUCA의 한 지체로서 주님의 인도하심으로 영적인 성장을 하고 있었던 것이다.

실제로 내가 엄마로서 딸의 학교생활과 학습과정을 지켜보니, NJUCA의 교육은 확실히 남다른 데가 있었다. 학생들 하나하나를 따스하게 품어주는 크리스천 선생님들과 함께 아이들은 단순히 대학입시에 필요한 공부만이 아니라, 더 행복하고 의미 있는 삶을 배우며 올바른 크리스천 리더가 되기 위한 리더십을 다져가고 있었다. 특히 한국에서 유학 온 아이들은 방황하거나 엇나가기 쉬운데, 안전한 보살핌 속에서 지적으로, 영적으로 안정되게 성장하는 게 보였다.

크리스천이 정말로 세상을 변화시키기 위해서는, 믿음도 중요하지만 세상 사람들과 견줄 만한 실력도 갖추어야 한다고 흔히들 말한다. 옳은 말이다. 그러나 실력을 강조하기에 앞서 하나님 앞에 바로 설 수 있고, 하나님과 올바른 관계가 형성되어야 한다. 그래야만 친구로서, 혹은 이웃으로서, 진정 사랑이 넘치는 삶을 살아갈 수 있다. 결국 크리스천들이 가져야 할 비전은 그러한 가운데서 생겨나는 것 같다.

비전을 가진 사람은 무엇을 하든지 열심히 하지 않을 수가 없다. 무엇을 하든 분명한 목적이 있고 이유가 있으니까. 그러면 실력은 자연스레 따라오는 것이다. NJUCA에서 우리 딸 스테파니도 비전을 가지게 되었다.

2007년 스테파니는 '스콜라스틱 아트 컴피티션(Scholastic Art Competition)'에서 '아메리칸 비전(American Vision)' 상을 받았다. 뉴욕에서 최고의 상을 받았다는 의미도 있지만, 그보다 부족한 작품이지만 하나님의 축복이 깃든 선물이 아니었나 하는 생각이 든다. NJUCA로 옮겨가기를 원하셨던 하나님의 음성에 순종한 스테파니에게, 하나님은 '크리스천 비전Christian Vision'을 선물로 주셨다. 스테파니는 그 비전을 마음속에 고이 품게 되었다.

상을 받은 그림의 제목, '떼려야 뗄 수 없는 우정의 그림자 The shadow of inseparable friendship'에는 특별한 사연이 있다.

한번은 스테파니가 새벽에 울면서 남편에게 전화를 했다. 기숙사에 있는 한 친구와 참으로 어려운 관계에 놓여 있다며, 그 친구와의 관계가 너무 힘들다고 울었다. 남편은 스테파니에게 예수님이 십자가에서 진 고통을 생각해보라고 권면했다.

"네가 다니는 학교가 크리스천 스쿨이니, 그런 어려움조차 예수님을 배우는 경험이라 생각하고 스스로 극복해보는 건 어떻겠니?"

남편은 이런 말로 아이를 타일렀지만, 그 얘길 듣고 있던 나는 마음속에서 천불이 나는 듯했다.

결국 그 친구와의 관계를 스스로 잘 회복한 스테파니는, 그 그림을 그려서 큰 상을 받게 되었다. 그 그림에 나오는 그림자가 바로 그 친구와 스테파니 자신의 그림자였다. 그리고 그림의 제목을 '떼려야 뗄 수 없는 우정의 그림자'라고 붙였다. 그림에 그런 사연이 있는지를 심사위원들이 알아보았던 걸까? 하나님께서 이 일을 가능케 하신 것이라고 나는 믿는다.

하나님께서 스테파니를 NJUCA로 보내신 데는 뜻이 있으셨다. 스테파니는 미국에서 자라서 미국 학생들과 잘 어울렸다. 그리고 다른 한편으로는 한국에서 유학 온 한국 학생들과도 같은 한국 사람으로서 잘 어울렸다. 하나님께서는 유학 온 한국 학생들과 미국 학생들 사이에 브릿지 빌더bridge builder, 즉 다리를 놔주는 사람이 필요하셨던 것 같다. 스테파니는 NJUCA에서 이 역할을 감당했다. SWAT팀 리더로서 한국 학생과 미국 학생, 그리고 미국 선생님들과의 교량역할을 했던 것이다. 이런 것도 다 하나님의 계획이었다고 생각하니, 다시 한 번 감격스러웠다.

처음에 아이를 떠나보내면서 엄마인 나는 스테파니를 위해 예비해주신 주님의 손길을 의심하고 불신했다. 그러나 이제는 완전히 마음 푹 놓고 기대해본다. 주님이 설계해주신 우리 딸 인생의 청사진을…. 주님 감사합니다.

편집자 주

스테파니 정은 2007년에 '아메리칸 비전 앤 내셔널 골드 키(Ameriacn vision and national gold key)'를 수상했으며, 수상작은 브루클린 미술관과 워싱턴 D.C.의 스미소니언 박물관에 전시되었습니다. 부친 정승화 장로(하이트론 대표)는 NJUCA 후원회 사무총장으로 섬기고 있습니다.

NJUCA는 하나님을 향한
성공적인 삶의 시작

수 버거Sue Barger

두 자녀를 NJUCA에 보낸 학부모이자 교사

나는 교사이자 NJUCA에 다니는 두 학생의 어머니다. 2007년에 큰아들은 내가 교사로 재직중이던 공립 고등학교로 전학을 왔다. 전에 다녔던 학교는 크리스천 학교였는데, 일반 학교로 전학한 이후 아이가 조금 힘들어했다. 새로 사귄 친구들은 신앙심이 없거나 안티 크리스천들이었는데, 아이는 그들 속에서 왠지 모를 불편함과 상실감을 느끼는 듯했다. 반년쯤 지나자 아들이 내게 와서 간곡히 말했다.

"엄마, 저 다시 크리스천 스쿨로 전학가면 안 돼요? 사립학교가 비싸다는 건 알지만, 그래도 크리스천 스쿨로 돌아가고 싶어요. 그러면 정말 행복할 것 같아요."

아들의 진심어린 청원에 마음이 동한 나는, 여기저기 크리스천 학교에 대해 조사해보게 되었다. 우리 아이들에게는 영혼과 정신에 자양분이 될 교육이 필요했다.

한 친구가 꽤 오랫동안 나에게 NJUCA에 대해서 여러 번 이야기했었다. 아주 훌륭한 크리스천 스쿨이며, 리더십 교육이 특화되어 있고 교과과정도 아주 수준 높은 학교라고 추천했다. 그 이야기를 듣고 나는 두 아들을 2008년에 NJUCA로 전학시켰다. 그리고 지금까지 그때 그 선택에 매우 감동하고 있다. 그다지 오랜 역사를 가진 학교가 아니어서 솔직히 큰 기대는 하지 않았는데, NJUCA에서 우리 아이들이 엄청나게 성장하는 모습을 보니 놀랍기만 하다.

NJUCA 학생들은 고교 과정 이상의 대학 수준의 수업도 받을 수 있다. 회화와 음악(기타, 콘서트 밴드, 오케스트라, 핸드벨, 코러스 등) 같은 다양한 예술 분야 과목들을 배우기도 하며, SAT 작문, 연설, 커리어 클래스(진로와 직업에 관한 수업)에도 참여한다. 이런 것들은 모두 대학에서 배우거나 미래를 위해 반드시 준비해두어야 할 코스들이다.

학부모로서 NJUCA에서 가장 만족스러운 프로그램은 리더십에 관한 것이다. 학생들에게 캠퍼스 투어는 물론이고 다양한 미션트립의 기회를 주는데, 여행에서 돌아올 때마다 아이들의 지성과 감성, 영성이 훌쩍 자라 있음을 느낄 수 있었다. 이탈리아나 도미니카 공화국, 영국, 애리조나의 나바호 인디언 보호구역, 펜실베이니아, 그 외의 많은 곳에 가서 많은 미션 조직들을 만나는 과정이다. 그런 여행을 통해 아이들은 자립심을 기르고 세상을 보는 눈도 커진다. 세상에서 필요한 것이 무엇인가, 다르게 사는 삶은 어떤 것인가에 대해 스스로 고민하는 모습에 감동했다.

우리 가족은 아이들이 NJUCA로 전학한 이후 어마어마한 은혜를 입고 있다. 장점이 한두 가지가 아니다. 큰아들은 올해 졸업했는데, NJUCA에서의 경험이 하나님을 향한 성공적인 삶으로 그를 이끌어줄 것이라 확신한다.

NJUCA는 모든 학생들을 섬긴다. 그리고 그들은 세상에 나와 다른 이를 돕는다. 선생님들은 아이들이 더 밝은 세상을 만들게 해달라고 늘 기도한다. 윌리엄 셰익스피어가 이렇게 말하지 않았던가. "아무리 작은 촛불도 아주 먼 곳까지 빛을 비추는 법이다. 그리고 결국 그 빛은 삭막한 세상에 꼭 필요한 존재가 된다."라고.

사랑하고 존경하는 신정하 장로님께

장로님, 안녕하세요. 저는 2년 전에 졸업한 허누리입니다. 졸업하고 지금껏 연락 한 번 제대로 못 드렸습니다. 섭섭하셨죠? 죄송해요. 작년에는 대학생활에 적응하는데 너무너무 바빠서 정신이 하나도 없었어요, 그러다 보니 전화 한 번 못 드렸네요.

대학에 와서 어느덧 2학년이 되고 보니 NJUCA 생활이 너무나도 그리워요. 아침 먹으러 카페테리아에 가면 장로님은 드시지도 않고 서성이시면서 '누가 아침 먹으러 안 나왔나' 걱정하시던 것도 생각나고요. 장로님이 월요일마다 성경공부 시간에 강조하시던 하나님의 속성, 아직도 외우고 있답니다. 아, 그리운 NJUCA! 정말 돌아가고 싶네요.

날씨가 많이 추워졌는데, 몸 건강히 잘 계시죠? 올해 학교 분위기가 참 좋다고 엄마아빠, 그리고 동생 온이에게도 전해 들어서 참 잘됐구나 싶었어요. 하나님이 지켜보시는 기숙사니까 올해도 주님 은혜 안에서 자라나는 후배들…, 생각만 해도 흐뭇해지는 것 같아요.

NJUCA에 다녀야만 배울 수 있는 특별한 것들이 너무나도 많은데(특히 기숙사 생활), 그때는 그 특권이 감사한 줄도 모르고 지냈던 것 같아요. 장로님을 비롯해서 사감 선생님들의 관심과 충고들이 그때는 좀 부담스럽고 짐스럽다고 느꼈거든요. 아마 지금도 재학생 중에 그렇게 느끼는 사람이 있을지도 모르겠어요.

하지만 대학교에 와서 많이 느꼈습니다. 저는 NJUCA에서 정말이지 분에 넘치는 사랑을 받았구나 하는 거요. 특히 저처럼 한국에서 유학 온 친구들은 가장 실족하기 쉽고 불안정한 시기인데, 그런 10대 후반을 별다른 문제없이 통과했다는 게 다 저를 위해서 기도해주신 선생님들, 교직원 선생님들, 그리고 아직도 남아서 공부하고 있는 사랑하는 후배들의 힘이었더라고요.

대학에 와보니까 대학생활이라는 게, 물론 사람 나름이겠지만, 정말 외로워할 겨를도 없을 정도로 바쁘고 정신없어서, 하나님과의 관계도 깨어 있지 않으면 무너지기

일쑤예요. 하지만 NJUCA 기숙사에서 경험한, 그리고 선후배들과 교제하면서 자란 믿음 덕분에 기쁨 가운데 생활하고 있어요.

이곳 미네소타는 너무 추운 곳이에요(아, 장로님이 매우 추울 거라고 경고하실 때 말 들을 걸). 그래도 하나님이 올해 제 기도를 들어주셔서 가을이 길어졌어요. 11월의 뉴저지는 알록달록 물든 나뭇잎들이 굉장히 예뻤는데…, 또 가고 싶어지네요.

항상 27세라고 젊음을 자랑하셨던 장로님, 너무 보고 싶어요. 건강 조심하시고, 학교도 기숙사도 평안하길 늘 기도하고 있어요. 사랑합니다!

2010년 11월 11일
미네소타에서 졸업생 허누리 올림

현장에서 체험하는
하나님의 강력한 리더십

다위 코케모어Dawie Koekemoer

NJUCA 교사(성경, 역사 과목)

나는 2007년부터 지난 4년간 NJUCA에서 교사로 일해왔다. 하나님은 나에게 다양한 일들을 경험하게 해주셨다. NJUCA는 상당히 독특한 학교다. 학생들도 다양하고, 교사들도 일반교사들과 다르며, 특별한 학습 프로그램과 학생들에게 제공되는 학습기회들 역시 굉장히 독특하다. 감정적, 육체적, 영적인 부분의 모든 것이 한 인간의 삶에 영향을 미친다는 것이 우리 학교의 믿음이고, 그런 점에서 교사로서 NJUCA보다 더 훌륭한 직장은 아마 지구 위에서 찾기 어려울 것이다. 나는 교사지만, 이 특별한 학교에서 학생들과 함께 믿음으로 성장하고 있다. 끈끈한 인간관계와 선한 사람들로부터 위대한 것들을 배우고 있다.

NJUCA가 가진 최고의 강점은 강력한 리더십 프로그램이다.

학생들은 리더십 스킬을 배우는 것뿐만 아니라, 광대한 경험의 기회를 통해 그 스킬들을 써먹고 활용해본다. 나 역시 우리 학생들이 자신감이 향상되고 리더십을 키워가는 것을 내 눈으로 직접 목격하는 은혜를 입었다. 아이들은 교회 밖으로 나가 젊은이들 그룹 속에서, 교실에서, 채플에서, 외국에 나가거나 생경한 문화 속에서 '섬기는 법'을 배워나갔다. NJUCA를 통해 하나님은 강력한 리더십을 보여주셨다. 그리고 아이들의 리더십은 아마도 하나님의 나라를 위해 쓰일 것이다.

또 다른 관점에서 내가 NJUCA를 사랑하는 이유는, 가족 같은 분위기 때문이다. 이사회 참석자들이나, 교장 선생님, 교직원들과 함께 수년 동안 일하면서 나는 그들이 학생들 개개인을 얼마나 아끼고 사랑하는지 두 눈으로 똑똑히 확인했다. 매주 교직원들이 모두 모여서 학생들 하나하나를 위해서 아침기도를 한다. 또한 선생님들은 방과 후에도 교과학습뿐만 아니라 개인적인, 혹은 영적인 차원의 문제에 대해 학생들과 이야기를 나누고 마음을 다해 돕는다. 나와 내 아내가 어려운 시기를 보내고 있을 때조차 교직원들과 학생들은 가까이에서 우리를 가족처럼 지지해주었다. 우리는 서로에게 용기를 주고, 서로를 위해 기도하며, 스스로의 신앙으로 더욱 아름답게 꽃 피울 수 있도록 힘을 주는 교육공동체다.

나는 이곳에서 너무나 큰 은혜를 입었다. 하나님께서 나에게 무엇을 원하시든 나는 즐거운 마음으로 NJUCA를 섬기며 기다릴 것이다.

영감과 통찰력을 전해주는
롤모델로서의 삶

던 포스니스Dawn Fossnes, 도나 M. 토레스Donna M. Torres

NJUCA 교장

교장이자 NJUCA의 공동 설립자로서 우리는 신정하 이사장
과 8년 동안 함께 일해왔다. 그는 신앙인으로서 그 누구보다
모범적인 삶을 살아왔으며 하나님이 부여해주신 사명을 이루
기 위해 대단한 인내심을 발휘해왔다.

하나님을 향한 확고한 믿음이 없었다면, 이 모든 일을 이루
어내지 못했을 것이다. 너무나 어렵고 힘든 상황을 많이 겪었
지만, 그의 믿음은 늘 그를 단단히 붙들었다. 신정하 이사장은
아무리 상황이 나빠져도, 우리가 그 모든 고통과 환란을 극복
할 수 있도록 필요한 모든 것을 하나님이 제공해주신다고 늘
이야기했다. 그리고 그 말을 증명이라도 하듯이, 마지막까지
포기하지 않고 자신의 모든 것을 다 바쳐 학교를 섬겨왔다. 또

한 셀 수도 없이 많은 시간을 학교와 학생들, 그리고 교직원들을 위해 기도했다.

그는 아무것도 없는 황무지에서 하나님의 비전을 보았다. 학교를 만들 수 있을지 없을지, 아무런 확신이 없는 상황에서도 맨손으로 학교 건물을 지었다. 주위 사람들은 그를 이상한 사람 취급했지만, 그는 그것이 학교를 세우기 위한 하나님의 계획이라는 것을 의심치 않고 그저 묵묵히 소명을 다해 건물을 지었다. 우리 학교의 메인 건물과 체육관 건물은 그때 지어진 것이다.

우리는 그가 엄청난 시련 앞에서도 굴하지 않고 계속해서 도전해온 사실을 잘 안다. 돈도 없고 사람도 없는 암담한 상황 속에서 기적처럼 학교 건물들을 끝끝내 완성시키는 모습을 지켜보았다. 그의 결단은 단 한 번도 흔들린 적이 없었다.

신 이사장과 보낸 8년여의 시간 동안 우리는 학생들을 잘 가르치기 위해서, 학교를 더 많이 알리기 위해 지칠 줄 모르고 일했다. 교사들뿐만 아니라 학생들, 교직원들, 학교의 구성원 모두가 한 사람도 빠짐없이 진심과 열망으로 마음을 다해 달려왔다. 그것은 모두 신 이사장의 강렬한 에너지에 전염되었기 때문일 것이다.

그가 학생들을 위해 준비해놓은 열매는 모두 그의 고된 노력과 결단, 희생의 결과물이었다. 이 학교의 나무 한 그루, 꽃 한 송이부터 이사회 운영까지, 어느 것 하나 신 이사장의 손길이 닿지 않은 것이 없다. 그가 늘 강조하듯이 '위대한 리더가 되기 위해서 우리는 먼저 위대한 종'이 되어야만 한다. 이것은 우리 학교의 리더십 프로그램이 강조하는 것이기도 하다.

우리 학생들은 신정하 이사장의 삶을 바로 옆에서 지켜보며 올바른 크리스천 리더십을 뼛속까지 새기고 있다. 그는 우리 학생들의 롤모델이다. 인내심과 성실함, 순종과 신앙심을 통해 하나님이 원하시는 일을 하고, 마음속의 열정을 따라 거짓 없이 사는 법을 배우고 있다.

NJUCA와 함께한 신정하 이사장의 이야기가 하나님께 순종하는 모든 이들과 우리 학생들에게 영감과 통찰력을 줄 것이라고 믿는다. 우리는 신 이사장이 자신의 선한 임무를 끝끝내 완수할 것이라고 믿는다. 그리고 모든 과정에서 그가 이룩한 기적을 경험할 것이다.

지은이 신정하

뉴저지 유나이티드 크리스천아카데미(NJUCA)의 설립자이자 이사장. 연세대를 졸업하고, 한양대 법대 교수로 재직하며 학생들을 가르쳤다. 1970년 교수직을 그만두고 대한해운공사 뉴욕 지사장이 되어 아메리칸드림을 가슴에 품고 도미한다. 화려한 해외 지사장의 삶을 향유하던 그는 갑작스러운 실직으로 잠시 좌절에 빠지게 되지만, 곧 '유니포트'라는 운송주선업 회사를 차려 경영자로서 성공가도를 달리게 된다.

하지만 영원할 것만 같았던 탄탄대로는 한순간에 끝나고, 1980년대 초반 오일쇼크로 회사는 완전히 망해버리게 된다. 그리고 그는 인생의 가장 어둡고 쓰라린 밑바닥을 맛보게 된다. 인생에서 이룬 모든 성공과 성취가 전부 자신의 것이라고만 생각해온 그는 망연자실한 채 좌절의 늪을 헤매었고, 그 가운데에서 하나님을 인격적으로 영접하게 된다.

그 후 자신의 삶을 모두 하나님께 바친 그는 프린스턴 근처의 어느 버려진 땅을 손수 일구어 크리스천 리더를 양성하기 위한 학교를 세우게 된다. 하나님의 부르심으로 탄생한 정규 사립 중·고등학교인 NJUCA는 20년이 넘는 세월 동안 그가 직접 손으로 일군 결과물로, 영성과 믿음을 바탕에 둔 진정한 크리스천 리더를 양성하고 있다. 페이스 신학대학원에서 목회학 석사학위와 기독교교육학 박사학위를 받았다.
70대 중반의 나이임에도 일일이 학교 일을 챙기며 강연과 집필 등의 왕성한 활동을 하고 있고, 현역 소아과 의사로 함께 학교를 섬겨온 든든한 동역자인 아내와 함께 열정적인 노후를 보내고 있다. 지은 책으로는 《예수 안경》이 있다.

아프니까 청춘이다 : 인생 앞에 홀로 선 젊은 그대에게
김난도 지음 | 14,000원

서울대학교 학생들이 최고의 강의, 최고의 멘토로 뽑은 김난도 교수의 인생 강의실! 수많은 청춘의 마음을 울린 저자는 이 책에서 불안하고 아픈 20대에게 따뜻한 위로의 글, 따끔한 죽비 같은 글을 전한다. 스스로를 돌아보고, 추스르고, 다시 시작하게 하는 멘토링 에세이집. (추천: 인생 앞에 홀로서기를 시작하는 청춘을 응원하는 책)

당신이 축복입니다
숀 스티븐슨 지음 | 박나영 옮김 | 13,000원

"이 아기는 24시간 안에 죽는 편이 낫습니다." 뼈가 계란껍데기처럼 부서지는 희귀병을 갖고 태어난 숀 스티븐슨, 그는 현재 스타 연설가이자 심리학자가 되어 휠체어를 타고 세계를 누빈다. 90cm의 거인 숀이 전하는 축복의 리얼스토리! 소중한 누군가의 믿음과 신뢰, 응원이 필요한 당신에게 '인생을 응원하는 6통의 메시지'를 보낸다.

행복한 사람
토드 홉킨스 · 레이 힐버트 지음 | 최지아 옮김 | 12,000원

읽다 보면 저절로 행복해지는 책. 주인공 매튜가 인생의 멘토 찰스를 만나서 겪게 되는 기적의 이야기를 통해 인생의 참된 축복, 인생이라는 선물을 진심으로 만끽하는 법, 진정한 행복에 이르는 법을 배운다.(추천 : 착하고 따뜻한 스토리에 코끝이 찡해지고 바짝 마른 마음이 촉촉해진다. 크리스천이라면 반드시 읽어야 할 필독서)

나비의 꿈
박성혁 지음 | 12,000원

아무것도 없는 불모의 땅에서 2,000억 원의 경제적 성과를 이뤄낸 비밀은 무엇일까? 죽어 있던 조직을 되살리고, 멋진 팀워크로 하나의 비전을 향해 달려 나간 어느 시골마을의 100% 리얼 스토리! 드라마틱한 팀 혁신 스토리는, 찡한 감동과 함께 시들었던 열정도 되살린다. (추천: 이미 많은 조직과 단체에서 필독서로 선정한 조직활성화의 모범답안)

가슴 뛰는 삶
강헌구 지음 | 13,000원

꿈을 꿈으로만 남겨두지 마라. 간절히 원하는 그 모습으로 살아라. 가슴 벅찬 삶을 사는 법에 관한 '비전 로드맵'. 인생의 비전을 찾지 못한 이에게는 통찰과 작심을, 현재의 자리에서 머뭇거리고 있는 이에게는 돌파와 질주의 힘을 주는 책. (추천: 꿈을 찾지 못한 중고생과 대학생, 그리고 좌절의 길에서 주춤하고 있는 직장인들을 위한 책)

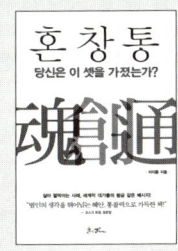

혼 · 창 · 통 : 당신은 이 셋을 가졌는가?

이지훈 지음 | 14,000원

세계 최고의 경영대가, CEO들이 말하는 성공의 3가지 道, '혼(魂), 창(創), 통(通)'! 조선일보 위클리비즈 편집장이자 경제학 박사인 저자가 3년간의 심층 취재를 토대로, 대가들의 황금 같은 메시지, 살아 펄떡이는 사례를 본인의 식견과 통찰력으로 풀었다. (추천: 삶과 조직 경영에 있어 근원적인 해법을 찾는 모든 사람)

오리진이 되라

강신장 지음 | 14,000원

더 나은 것이 아니라, 세상에 없는 것을 만들어라! 창조의 '오리진'이 되어 운명을 바꿔라! CEO들을 창조의 바다로 안내한 SERI CEO의 전(前) 기획자 강신장이 말하는 세상에서 가장 맛있는 창조 이야기. 이제 세상을 다르게 보는 길이 열린다! (추천 : 읽기만 해도 창조의 영감이 솟아오르는 텍스트를 기다려온 모든 이들을 위한 책)

유머가 이긴다

신상훈 지음 | 13,000원

유머는 딱딱한 머리를 말랑하게 해주는 최고의 '유연제'이자, 막힌 가슴을 쾅 뚫어주는 '소통의 묘약', 21세기 리더십의 필수요소다. 20년 넘게 개그작가로 활동하며 대한민국 최고의 유머코치로 정평이 난 신상훈 교수의 유머레슨을 책으로 만난다. (추천: 회의, 연설, 파티, 주례사 등 리더를 위한 상황별 유머비법 총망라)

멋지게 한말씀

조관일 지음 | 14,000원

자기소개, 건배사, 축사, 행사 진행, 프레젠테이션… 언제든 써먹는 '노래방 18번'처럼, 어느 자리에서든 당신을 멋지게 띄우는 '한말씀'의 기술! 첫마디 시작하는 법, 화젯거리 찾는 공식, 흥미진진하게 말하는 법 등, 대한민국 명강사의 '30년 한말씀 노하우' 총망라! (추천 : 공적, 사적 모임에서 멋진 한말씀으로 돋보이고 싶은 사람들을 위한 책)

성공명언 1001

토머스 J. 빌로드 엮음 | 안진환 옮김 | 18,000원

평생 읽어야 할 동서고금의 명저 1001권을 요약한 듯, 정수만 뽑아 음미한다! 공자, 노자, 소크라테스, 스티븐 코비, 피터 드러커… 인류 역사상 가장 위대한 성취자들이 평생에 걸쳐 얻은 인생의 지혜가 담긴 명문장 1001가지를 영한대역으로 모았다. (추천: 작가, 강사, 카피라이터 등 글쓰기, 영어논술, 영어토론 준비에 좋은 책)